भूल पाता नहीं

मेरे चुनिन्दा गीत

भूल पाता नहीं

मेरे चुनिन्दा गीत

डॉ. रमेश पोखरियाल 'निशंक'

वाणी प्रकाशन

वाणी प्रकाशन
4695, 21-ए, दरियागंज, नयी दिल्ली 110 002
फ़ोन : +91 11 23273167 फ़ैक्स : +91 11 23275710
शाखाएँ
अशोक राजपथ, पटना 800 004, बिहार
कॉफ़ी हाउस कैम्पस, महात्मा गांधी मार्ग, इलाहाबाद 211 001, उत्तर प्रदेश
महात्मा गांधी अन्तरराष्ट्रीय हिन्दी विश्वविद्यालय, वर्धा 442 001, महाराष्ट्र
सुल्तानिया रोड, मोतिया पार्क, भोपाल 462 001, मध्य प्रदेश
www.vaniprakashan.in
marketing@vaniprakashan.in
sales@vaniprakashan.in

BHOOL PATA NAHIN : MERE CHUNINDA GEET
by Dr. Ramesh Pokhariyal 'Nishank'

ISBN : 978-93-88684-10-1
Collection of Poems

प्रथम संस्करण 2019

मूल्य : ₹ 595

सिटी प्रेस, दिल्ली-110 095 में मुद्रित

वाणी प्रकाशन का लोगो मक़बूल फ़िदा हुसेन की कूची से

मेरे गीत

मेरे लिए रचनाकार होने की कोई बुनियादी शर्त नहीं है बस मेरी संवेदनशील कल्पना और सपनों को साकार करने के संकल्प ने मुझे साहित्य की विविध विधाओं से जोड़ा है। मेरे लिए लिखना बस लिखना नहीं बल्कि जिन्दगी के तमाम उतार-चढ़ावों को जीवन्तता से अपनी रचनाओं में उढ़ेलना है। मेरी काव्य रचनाओं या गीतों की बुनियाद भी अन्तस्थल की यही संवेदनशीलता है। अपने गीतों के इस संकलन को पाठकों को सौंपते हुए मुझे अपार हर्ष का अनुभव हो रहा है। मुझे यह जानकर भी आश्चर्य हुआ कि वर्षों पहले लिखी तथा प्रकाशित ये रचनाएँ मेरे प्रशंसकों को अभी तक याद हैं। यदा-कदा कोई-न-कोई कवि मित्र भी इन्हें पुन: प्रकाशित करवाने का आग्रह करता आ रहा था। अपनी व्यस्तताओं के कारण मैं इन रचनाओं का चयन काफी विलम्ब से कर पाया लेकिन इनको चुनते हुए मुझे भी सुखद आश्चर्य हुआ कि ये गीत अब भी मुझमें सिहरन के साथ-साथ स्पन्दन पैदा करते हैं। ये गीत केवल प्रीत, प्रणय और भौतिक सौन्दर्य के नहीं हैं, वरन् इन्हें प्रेरणा, प्रणय और देश भक्ति के उपबन्धों में समाहित किया गया है। इनमें वतन की मिट्टी की सुगंध के साथ-साथ जो मानवता का ज़ज़्बा पैदा करने की टीस भी, निश्चित ही समय की आवश्यकता बन पड़े हैं ये गीत।

यहाँ यह बात मैं विशेष तौर पर रेखांकित करना चाहूँगा कि जब भी कोई रचनाकार अपनी सृजन यात्रा के प्रारंभिक चरण में होता है। उन दिनों उसके मन में उत्साह तथा जुनून का सागर हिलोरे ले रहा होता है, यही कारण है कि प्रत्येक रचनाकार की प्रारंभिक रचनाएँ कलात्मक शिल्प-सौष्ठव की कसौटी पर पूरी तरह से खरी न उतरते हुए भी चिन्तन की प्रखरता तथा विद्रोही तेवर अपने में समाए रखती हैं। मुझे यह कहते

हुए भी अत्यन्त गर्व का अनुभव होता है कि मैंने साहित्य को समाज और मानव-कल्याण के सजीव माध्यम के रूप में चुना है। साहित्य को मैं आम आदमी के दुःख-दर्द को अभिव्यक्त करने का सबसे बड़ा माध्यम मानता हूँ।

'मैने वेदना को अपनी
गीतों में गुनगुनाया
इसके सुरो को अपनी
आवाज है बनाया
रिमझिम ये सावन है
मेरे पास मेरा मन है
अनमोल ये रत्न है।'

मेरे इन गीतों में सामान्य जन की आशा-आकांक्षा, निराशा तथा उसके संघर्ष को वाणी प्रदान करने की कोशिश हुई है।

इन गीतों की पृष्ठभूमि में जहाँ समाज की विसंगतियाँ, उसकी जटिलताएँ तथा उसकी विषमताओं से उपजी कुंठा को रूपायित करने का प्रयास किया गया है तो दूसरी ओर मनुष्य की एकान्तिकता और उसे आनन्द देने वाले सुकोमल क्षणों को भी व्याख्यायित करने का सलोना-सा प्रयास है।

कभी-कभार पाठकों को यह भी लगेगा कि मेरे गीतों में माधुर्य कम और कसैलापन अधिक है, लेकिन यह भी मेरी विवशता है क्योंकि मेरे लिए आम जन की पीड़ा प्रथम लक्ष्य रहा है। समाज के अन्तिम पायदान पर खड़े आदमी के दुःख-दर्द ने मुझे हमेशा ही उद्वेलित किया है।

"जहर भी है जिन्दगी तो
पलक घूँटते जा उसे
कंठ ही तो नील होगा
परवाह उसकी है किसे?

मूलतः मेरी रचनाओं का प्रयोजन यह आम आदमी और उसकी भावना ही है। वैसे भी प्रत्येक रचना का अपने समय का महत्व होता है। यही कारण है कि रचना अपने समय का महत्वपूर्ण दस्तावेज बन जाती है।

मैंने भी अपने रचना दायित्व और सामाजिक दायित्व को एक-दूसरे

से बांधने की कोशिश की है, अपनी रचना के प्रति प्रतिबद्ध होने के साथ-साथ मैं अपने चारों ओर की जिन्दगी के प्रति भी सचेष्ट रहा हूँ, क्योंकि मैं बचपन से ही इन तमाम समस्याओं और संकटों से जूझता रहा हूँ और इस बात को मैंने महसूस किया है कि जीवन में आये संकटों से जितना मैं जूझता गया उतना ही मेरा आत्मविश्वास बढ़ता गया। यही कारण है कि मेरे गीतों में प्रेरणा, प्रोत्साहन और संघर्ष के स्वर और अधिक मुखर हो गये हैं। गीतों में अपने दर्द को उड़ेलना और अपनी छटपटाहट को रचनाओं के माध्यम से बाहर निकालने का इससे बड़ा क्या माध्यम हो सकता है।

'परेशानी विकट बाधाओं से
नहीं हमको डरना है,
इनका काम तो इंसान को
मजबूत करना है।'

जीवन की विषम राहों में तमाम कीमतों को चुकाने के बाद भी अपनी संवेदनाओं को जिन्दा रखने का मेरा संघर्ष जारी है–

''अभी भी है जंग जारी
वेदना सोयी नहीं है,
मनुजता होगी धरा पर
संवेदना खोयी नहीं है।
किया है बलिदान जीवन
निर्बलता ढोयी नहीं है,
कह रहा हूँ ऐ वतन
तुझसे बड़ा कोई नहीं है।''

मैंने प्रयास किया है कि देश का प्रत्येक नागरिक इन पंक्तियों को पढ़कर अपने राष्ट्र के प्रति श्रद्धान्वत हो क्योंकि जीवन तो सभी जीते हैं किन्तु उसका बोध होना भी जरूरी है। राष्ट्र और राष्ट्र की प्रगति एवं मानवता के प्रति समर्पण भी हमारा कर्तव्य है। मैंने वजनदार उपमानों को अपनी रचना-प्रक्रिया में शामिल करने का कभी भी प्रयास नहीं किया, न ही यह मेरा हेतु रहा है। मैंने तो व्यक्तिगत जीवन में जो कुछ महसूस किया उसे अपनी रचनाओं का विषय बनाया। मैं समझता हूँ

कि बिना व्यक्तिगत आत्मावलोकन के साहित्य–सृजन में जीवन्तता आ ही नहीं सकती–

"मैं स्वयं ही किरण बनकर
निशा को भी प्रभा दूँगा,
मैं स्वयं ही हवन बनकर
स्वार्थ अपना जला दूँगा।"

इसी यथार्थ का आस्वादन करते-करते मेरे गीतों ने संसार के समस्त दुःखों को आत्मसात् करने का सपना भी संजोया है–

"सब कुछ देना पर मुझको
तुम इतना नेह न देना,
खो जाऊँ मैं तुझमें इतना
भूलूँ जग से दुख लेना।"

वस्तुतः रचनाकार संसार से ही स्थापत्य कर उसी के समानान्तर संसार की सृष्टि करता है, यह एक नितान्त स्वतन्त्र सृष्टि है। अनुभूति से शक्ति ग्रहण कर मनुष्य के मर्म को स्पर्श करने और संवेदना को संजोकर उसे जीवन्त बनाये रखने की छोटी सी कोशिश की है। सुकोमल भावनाओं का अंकन निश्चित रूप से रसास्वादन करता है–

"दीपक से बाती का सम्बन्ध जितना,
जीवन में अपना रहे प्यार इतना।
तुम्हीं ने तो जीवन, हर पल सँवारा,
तभी तो हृदय ने तुमको पुकारा।
चाँदनी का चन्दा से सम्बन्ध जितना,
जीवन में अपना रहे प्यार इतना।"

जीवन में सारे अभावों, संत्रासों को अपना सच्चा साथी स्वीकार करते हुए इन्हें पथ के पाथेय के रूप में स्वीकार करने में मुझे कभी कोई संकोच नहीं रहा है–

"कदम-कदम पर काँटों से ही
आच्छादित था यह मन मेरा,
पीड़ाओं का आलिंगन था
कष्टों का घनघोर अँधेरा।

लघु जीवन के सघन विपिन में
कब तक अपने दिल से डरूँ मैं,
तुम्ही बताओ किससे कहूँ मैं
क्या भूलूँ क्या याद करूँ मैं।''

इसके अतिरिक्त इन गीतों का सबसे सबल उपबन्ध इनमें स्पन्दित होती राष्ट्र भक्ति की भावना है। मैं सम्पूर्ण जीवन का सार, मानव और देश के प्रति सर्वस्व समर्पण तथा अगाध निष्ठा को मानता हूँ। जीवन का प्रत्येक क्षण अपने राष्ट्र और मानवता के प्रति समर्पित कर जन कल्याण के रास्ते पर चलना मेरे जीवन का ध्येय रहा है–

''हर कदम इतिहास स्वर्णिम
हम इसे गलने न देंगे।
स्वयं जल जाएँगे लेकिन
देश हम जलने न देंगे।।''

इसी प्रकार–

''भारत के रखवाले हैं हम, भारत के रखवाले,
सारा जग जाने हमको, हम देश-प्रेम के मतवाले।''

X X X

''हम प्रेम का दीप जलायेंगे,
नवयुग धरती पर लायेंगे।''

मेरा मानना है कि साहित्य मनुष्य को खंडित करने वाली दृष्टियों से सदा विलग और सर्वोच्च होता है। मैंने व्यष्टिगत् भावनाओं के अंकन के साथ-साथ समष्टिगत् चेतना को भी अपनी रचनाओं में स्थान देने की कोशिश की तथा अपने राष्ट्र को प्राण-पन से ऊँचे स्थान पर पूरे आदर के साथ प्रतिष्ठित करने का प्रयास किया है–

''रह-रहकर अब चलने का, नहीं समय है रे वीरों,
दिखला दो दुनिया को पौरूष, पीछे नहीं हटो धीरों।
नहीं याद करता है उसको जग जो न कुछ कर दिखलाता
संघर्षों की ताप में बढ़ता, लक्ष्य शिखर का वो पाता''

अन्त में मैं यही कहना चाहूँगा कि संवेदनशीलता के साथ-साथ मैंने समाज की विसंगतियों और कुरीतियों को निकटता से देखा और

महसूस किया है। सामाजिक जड़ता तथा अन्धविश्वास की बेड़ियाँ तोड़े बिना समाज में गुणात्मक परिवर्तन सम्भव नहीं होता। कहीं विद्रोही तेवर भी इन गीतों की प्रत्येक पंक्ति में दिखाई देंगे।

'लीक-लीक तो कायर चलते
तुम वीर बनो पथ को जानो
तोड़ सभी कारा के बन्धन
तुम बात सुनो मेरी मानो।'

इस पुस्तक के तीनों उपबन्धों में इसकी संवेदना परिधि प्रेरणास्पद गीत, प्रणयगीत और देशभक्ति, इन सरणियों में समाहित है। मेरे लिए इन गीतों के मध्य कोई विभाजक रेखा नहीं है वैसे भी काव्यात्मक अन्विति को खंडित करके विश्लेषित भी नहीं किया जा सकता।

इस संग्रह में जहाँ मेरी प्रकाशित तमाम पुस्तकों के चुनिन्दे गीत हैं वहीं कुछ गीत ऐसे भी हैं, जो किसी भी पुस्तक में अभी तक प्रकाशित नहीं हुए हैं इन्हें भी इस संग्रह में समाहित किया गया है। जिन्हें प्रथम भाग में दिया गया है।

मुझे विश्वास है कि मेरे चुनिन्दा गीतों का यह संकलन जनमानस में नये उद्गार पैदा करने के साथ ही विशेष रूप से युवा पीढ़ी को नयी दिशा देने की कोशिश करेगा। ये गीत साहित्य संसार में एक बौद्धिक उत्तेजना एवं सामाजिक बहस पैदा करने के साथ-साथ अकलुषित और भावुक तथा संवेदनशील मन को बचाने की दिशा में सार्थक सिद्ध हो सकें तो मैं अपने को गौरवान्वित समझूँगा। सुधी पाठकों, आलोचकों तथा विद्वतजनों के सुझावों तथा सम्मतियों की प्रतीक्षा में।

–रमेश पोखरियाल 'निशंक'

अनुक्रम

भाग-एक

मेरे परमात्मा 19
मेरे गीत 21
कब कहाँ डरा हूँ मैं 23
लड़ा दुनिया के जुल्मों से 25
कोई मुझको समझे 27
तुम्ही मेरे दिल में 29
भूल पाता नहीं 30
मेरे पास मेरा मन 32
प्यार है आराधना 34
अभी भी है समय 35
गैर तुम भी नहीं 37
कुछ कहते तो होंगे 39
प्रेम का जहान 40
प्यारे मानव 41
बेचकर मुस्कान अपनी दर्द के बाजार में 43
तुमको क्या पाना है 44
इंसान की पहचान 45
उन्मुक्त रहने दो 46
जीत ले दिलों को 47

हे शक्ति! 48
धन्य-धन्य भारतवासी 49
मासूम जिन्दगी 50
यादें 52
मेरी माँ 54
तेरे शहर आ रहा हूँ 55

भाग दो

मेरा स्वर्णिम स्वप्न 59
हे दिव्य शक्ति 60
स्वयं जलकर 61
बदलो-बदलो यह धारा 62
जीवन यूँ न चला जाए 64
जलकण बने 65
शक्ति पाएँ 66
अकेला मुसाफिर 67
सृजन के दीप जले 68
छोड़ो बेबस कहानी 69
नव प्राण दिया 70
उत्तरांचल के गाँव 71
भूकम्प त्रासदी 72
उन्हें हृदय लगाये 73
जीत हो या हार हो 74
इंसान ढूँढ़ो कहाँ है? 75
मैं तेरे नाम की 76
कहता कौन? 77
जग में धूम मचा दो 78
भूचाल 79

कोई मुश्किल नहीं	80
मन्दिर का दीपक	81
सीमा पार करनी है	83
राग-द्वेष-तम कारा है	84
पुरुषार्थ	85
तू अकेला नहीं	86
धाधाकते स्वर	87
आज निकट है लक्ष्य शिखर	88
मैं स्वयं ही	90
हर जगह इम्तहान है	91
पत्थर रोज चिनाते थे	92
अन्धेरा मिटाने	93
सिसकती श्वासों को	94
तोड़ो सन्नाटा	95
मेरे गीतों से	96
पग-पग होगा मंजिल में	97
मुझे विधााता बनना है	98
मीत तेरे गीत गाता	99
हिम के शिखर से बहता	100
यौवन	101
नयीं किरण	102
गीत गाऊँ	103
अनुभव शेष रहे	104
यादें कड़वी-मीठी	105
मेरी आशा तुम	106
ज्योति दिल में	107
प्यार रहे	108
क्या भूलूँ क्या याद करूँ	109

पीड़ा को सहा 111
दर्द भरी कहानी 112
प्रेम का दीप 113
अपने ही आँसू 114
दर्दों का घेरा 115
उमड़ रही है प्रीत 116
आ अब गाँव चलें 117
दर्द का सिलसिला 118
कह रही है जिन्दगी 119
पुकार 120
डाली 121
हे बसन्त! जल्दी आना 122
मैं मधुवन दर्शन 124
उलझन 125
श्रृंगार बन जाता 126
आह से उपजा गान 127
संदेश लाई थी 128
सँभलना पड़ेगा 129
आह, बन्धन तोड़ डोले 130
निष्प्राण तन में 131
प्रियतम दुःख 132
सींच लो हृदय कली! 133
वेदना के स्वर 134
जीवन छोटा कथा बड़ी है 136
मैं कली हूँ 137
जिन्दगी बन गयी 139
मातृ-वन्दना 140
भारतीयों आज हमको 141

भारत देश महान 143
बलिदान की सौगन्ध 145
कहीं देश है विपदा में... 146
बढ़ चलें हम ग्रामवासी 147
नवयुग धरती पर लाएँगे 148
कुर्बान होगा देश पर 149
हम दुनिया की शान 151
झूम-झूम गाओ रे 152
संघर्षों से लक्ष्य पाया 154
भारत के रखवाले 155
मातृभूमि की पूजा में 156
भारत माता 157
ऐसा देश बनाएँ 158
देश हम जलने न देंगे 159
दिव्य रूप यहाँ 160
भारत की तकदीर उठो! 161
संकल्प लिया 162
वह रसधार नहीं 163
यही राष्ट्र है देव सभी का 164
जग में भारत देश हमारा 165
धान दौलत वैभव न मिले 166
सुख की चाह नहीं 167
भारत सपूत 168
शान्त हूँ पर 169
नया इतिहास गढ़ना पड़ेगा 170
राष्ट्र माता 172
सिसक न जाये 173
जीवन यों न चला जाए 174

काँटों में जीते हैं 175
मैं निशंक बढ़ रहा 176
प्रेरणा 178
जिधर देखो 179
रोना आया 180
तेरे लिए मैंने निज को मिटाया 181
सबको बचाकर अकेला जला 182
तुम्हारे पथ पर 183
हम भारतवासी 184
खामोश रहकर 185
सपने 186
तुम्हारा नाम होगा 187
न बैठ निराश 189
बाधाओं ने हटना है 190
दुर्भाग्य मिटाना है 191
लौ जलाई है 192
जग में हताशा है 193
एक है बगिया 194
आदमी 195
मैं अकेला ही सही 196
नये क्षितिज 197
विभुमय भारत 199
पता नहीं क्यों 200
राजनीति का चक्रव्यूह 201
बाधा को तोड़े बढ़ा जा रहा हूँ 202
जिन्दगी मौत से लड़ता रहा 203
भूखा नहीं था 204

भाग-एक

मेरे परमात्मा

मेरे परमात्मा मुझको
इतना शील दे देना
अहम ना हो मेरे मन
में मुझे आशीष दे देना

मुझे जीवन दिया जिस अर्थ
वो पूरा करूँ हर क्षण
नये युग की संरचना में
लगाऊँ अपना तन-मन, धन
मेरे ईश्वर मेरे हाथों को ये
सामर्थ्य दे देना
अहम् ना हो......................।

जलाकर ज्ञान की ज्योति को
फैलाऊँ मैं उजियारा
हटा अज्ञान के तम को
मिटाऊँ घोर अँधियारा
मेरे भगवान मुझमे
दिव्यता का पुँज भर देना
अहम् ना हो...................।

मुझे तुम शक्ति दो इतनी
बनूं ताकत में निर्बल की
करूं साकार सब सपने
रहे न चाह किसी फल की
मेरे ईश्वर विचारों की
प्रखरता मुझको दे देना
अहम् न हो..............।

बहे गंगा के सम पावन
न बातों में बनावट हो,
न मुझमें हो छलावा और
न चेहरे पर दिखावट हो,
कहीं अनजाने में हो गलती
तो मुझको माफ कर देना
अहम् ना हो..................

मेरी सांसों में हो खुशबू
सदाचारी मुहोब्बत की
मेरे हाथों से हो रचना
किसी सार्थक इबादत की
न हो भटकाव इस मन में
मुझे सन्मार्ग दे देना
अहम् ना हो..................।

मेरे गीत

मेरे गीत मेरे मन की, बातों को कह रहे हैं
मन में समाये थे जो वही भाव बह रहे हैं
मेरे गीत मेरे मन.......................................।

है रास्ता मेरा तो संघर्ष की धरा पर
कठिनाइयों में भी मैं चलता रहा सफर पर
बाधाएँ हैं बड़ी पर, मेरे पग तो बढ़ रहे हैं
मेरे गीत मेरे मन....................................।

जीवन की मुश्किलों में भले दूर लोग होंगे,
काँटों के रास्ते पर भले हम अकेले होंगे
हमको नहीं बिखरना भले घाव हो रहे हों
मेरे गीत मेरे मन....................................।

डरते न संकटों से बढ़ते हैं इन्तिहाँ में
भरते हैं वो उड़ाने पहुँचे हैं आसमॉ में
फिर पास वो भी होंगे जो दूर से रहे हैं
मेरे गीत मेरे मन....................................।

मन में ललक अगर हो, किसी काम को करने की
होती कहाँ है परवाह उसे मौत से डरने की
हालात जो भी हों पर, हम आगे बढ़ रहे हैं
मेरे गीत मेरे मन...................................।

जीवन में मैने जाना, हम शक्ति हैं स्वयं की
बनने न देना अपने मन में जगह अहम की
फिर पीछे मुड़के देखो, सब साथ चल रहे हैं
मेरे गीत मेरे मन..................................।

कब कहाँ डरा हूँ मैं

भले असीम वेदना के
साथ ही रहा हूँ मैं,
कंटकों की राह पर
कब कहाँ डरा हूँ मैं।

न हार में न जीत में
न प्रीति में न रीत में,
कदम-दर क़दम पर
तीर और तलवार पर,
कंटकों की राह पर
कब कहाँ डरा हूँ मैं।

गाड़ हो या धार पर
नदी या पठार पर,
उतार में चढ़ाव में
या क्षणिक ठहराव में
चुनौतियों की धार पर
कब कहाँ रुका हूँ मैं।
कण्टकों की राह पर..................।

कंटकों के हार में
बिखरे हों शूल राह में,

क्षण-क्षण ये जिन्दगी
रही है तकरार में,
जिन्दगी की राह में
हर भाव से भरा हूँ मैं।
कण्टकों की राह पर.............।

जूनुन में मैं झूमता
मौत को भी चूमता,
हर जीवन की खोई आशा की
किरण को मैं ढूँढता,
निज कत्ल तो मेरे हुए
पर कब कहाँ मरा हूँ मैं।
कण्टकों की राह पर
कब कहाँ डरा हूँ मैं।

लड़ा दुनिया के जुल्मों से

भरी इस भीड़ में आखिर
कहूँ किसको ये मेरा है
सभी हैं साथ में लेकिन
अकेलेपन ने घेरा है।

लड़ा दुनिया के जुल्मों से
थकाया रोज मंजिल ने,
न निकली आह उफ तक भी
छिपाया दर्द इस दिल ने,
सजाता फूल हूँ चाहे
सफर काँटों का मेरा है,
सभी हैं साथ.................।

भरा जख्मों से दिल मेरा
बहें आँसू भी नैनन से,
न दिखता दूर तक कोई
जो पूछे हाल इस मन से।
इन्हीं आँसू ने दी ताकत
बन्धाया धैर्य मेरा है,
सभी हैं साथ..................।

पड़ें पैरों में छाले जब
मैं पग-पग लड़खड़ाया था,
विकट राहों में बहुतों ने
दुःखाया और रुलाया था।
न टूटा मैं न बिखरा हूँ
रहा दर्दों का डेरा है,
सभी हैं साथ ....।

कोई मुझको समझे

कोई मुझको समझे कोई मुझको जाने
मैंने कब कहाँ चाहा मुझे कोई माने
पर मेरी कुछ तो समझे
मेरी कुछ तो माने।

तुम्हारे लिए ही तो सभी कुछ था छोड़ा
आँखों में पलते सपनों को तोड़ा
तुम्हारे लिए ही जिया मैं हमेशा
खुशी देके आँसू पिया है हमेशा
ये सब समझकर भी क्यों रहे अनजाने
मेरी कुछ तो समझे....................।

सम्भाला तुम्हें जब, सभी ने था छोड़ा
हमें देखकर मुँह जमाने ने मोड़ा
न विचलित हुआ मैं दुनिया की डर से
बचाया तुम्हें हर बुरी एक नजर से
मगर आज तुम क्यूँ हुए हो बेगाने
मेरी कुछ तो समझे.....................।

कड़ी धूप से मैने सबको बचाया,
तपती जमी पर स्वयं को जलाया

जगाई थी तुझमें जीने की आशा,
खुद को तपाकर तुम्हें है तराशा,
भटकता रहा कब कहाँ थे ठिकाने
मेरी कुछ तो समझे....................।

चमकता सितारा, तुम्हें है बनाया,
जमीं से फलक तक तुम्हें है उठाया,
किया था उजाला, अँधेरों में चलकर
तुम्हें रोशनी दी स्वयं ही तो जलकर,
चले फिर क्यूँ तुम जलते दियों को बुझाने
मेरी कुछ तो समझे....................।

तुम्ही मेरे दिल में

तुम्ही मेरे दिल में
तुम्ही मेरे मन में
तुम्हीं जीवन में।

तुमको ही मैने जीवन में पूजा,
तुम्हारे सिवा मुझको कभी कुछ न सूझा
खड़ा हूँ जहाँ मैं कभी आ न पाता
तुम्हारे बिना मैं कभी कुछ न पाता
तुम्ही मेरे दिल में.........................।

दिशा दी तुम्हीं ने खोए हुए मन को
सम्भाला तुम्ही ने टूटे हुए तन को
अगर तुम न होते कहाँ जी मैं पाता
जमाने के जुल्मों से कभी लड़ न पाता
तुम्हें मेरे दिल.................................।

थी मेहनत कठिन और
बड़ी दूर मंजिल ,
किरण एक तुम्हारी
बसायी थी इस दिल,
बिना तेरे मैं तो बिखर कब का जाता
हताशा-निराशा से
कभी उठ न पाता
तुम्हीं मेरे दिल.......................।

भूल पाता नहीं

दौर ऐसा भी था मन परेशान था
पर समय है कभी भी जो रुकता नहीं,
आज बेचैन है वेदना ये मेरी
वरना गीतों में इसको मैं गाता नहीं।

जूझता मैं रहा चुनौतियों से सदा
मैंने जीवन में कोसा किसी को नहीं,
मेरी राहों में रोड़े बहुत थे मगर
मैंने ठुकराया फिर भी किसी को नहीं।
मैं बड़ा हूँ ये कहना तो आसान है
मेरा संघर्ष तुमको क्यों दिखता नहीं
दौर ऐसा भी......................।

मैं जुनूनी रहा, रात और दिन खपा
एक पल भी समय को गँवाया नहीं
साथ संघर्ष के पथ मैं चलता रहा
भाग्य को ही सहारा बनाया नहीं,
मेरी ऊँचाइयाँ तुमको आती नजर
खूँ-पसीने की बुनियाद, दिखती नहीं,
दौर ऐसा भी...............................।

बनके अपने मेरे बहुत धोखे दिये
खूब खेला मेरे भोले जज्बात से,

साथ मेरे हमेशा वो भगवान था
टूटने न दिया था किसी बात से।
मैंने कांटो को भी है लगाया गले
मेरा छलनी हुआ दिल क्यों दिखता नहीं
दौर ऐसा भी.......................................।

सिहर जाता हूँ मैं याद करके वो दिन
उन दिनों को कभी भूल पाता नहीं,
मौत रहती थी जब सामने ही खड़ी
जोखिमों का सफर दूर जाता नहीं
मुस्कुराता हुआ तुमको दिखता मगर
आँसुओं का तो तूफान दिखता नहीं
दौर ऐसा भी..................................।

मेरी कोशिश रही कोई आहत न हो,
दिल को अनजाने में भी दुखाऊँ नहीं,
मेरे संघर्ष में जो साथ मेरे रहे
उनके अहसान को मैं भुलाऊँ नहीं।
मेरे विश्वास को जिसने तोड़ा मगर
मुझे उनसे भी कोई शिकायत नहीं
दौर ऐसा भी ....।

गुनगुना मैं रहा आज जिस गीत को
वो जुवां पर तुम्हारे रहेगा कभी,
इनमें छुपती हुई वेदना को मेरी
तुम समझ भी न पाओगे शायद अभी।
होता कोई जो मुझको समझता अगर
तो व्यथित मन को कागज पे लिखता नहीं
दौर ऐसा भी..............................।

मेरे पास मेरा मन

अनमोल ये रतन है
मेरे पास मेरा मन है।

मैंने वेदना को अपनी
गीतों में गुनगुनाया,
इसके सुरों को अपनी
आवाज है बनाया।

रिमझिम सा ये सावन है
मेरे पास मेरा मन है
अनमोल ये रतन है।

घनघोर तम घिरा था
नहीं साथ खुद का साया,
मुश्किल घड़ी में मुझको
मेरे मन ने ही बचाया।

हर पल मेरा हमदम है
मेरे पास मेरा मन है
अनमोल ये रतन है।

छल दंभ द्वेष का जब
चारों तरफ था डेरा,
लड़कर के इनसे मन ने
जीवन सँवारा मेरा।

संघर्ष का ये दपर्ण है
मेरे पास मेरा मन है
अनमोल ये रतन है।

प्यार है आराधना

प्यार है आराधना
ये प्यार पावन प्रार्थना।
राह इसकी कठिन लेकिन
है ये निर्मल साधना
हाँ यही जो जोड़ती है
मन से मन के तार को
इसने ही बाँधा बिखरते
टूटते संसार को,
इसकी अद्भुत शक्ति की
हम करते हैं नित वन्दना
प्यार है आराधना।
एक दूजे को समर्पित
जो राह चलते प्यार के
मुस्कराकर झेलते हैं
दर्द-दुःख संसार के
साधना में डूब जाऊँ
है यही बस कामना
प्यार है आराधना।

अभी भी है समय

अभी भी है समय इतना
मेरी कुछ बात मानो तुम,
समय कितना है बलशाली
इसे भी जान जाओ तुम।

तुम ही हो जिन्होंने
जाते लम्हों को पकड़ना है,
पकड़कर इन क्षणों में
सपना अपना पूरा करना है।

मिले मेहनत से ही सबकुछ
इसे भी जान जाओ तुम
अभी भी है................।

क्षणिक जीवन है ये
इसका करें उपयोग परहित हम,
करें निर्माण नवयुग का
रहे नवयुग में चर्चित हम।

हो तुम सन्देश ईश्वर का
इसे भी जान जाओ तुम
अभी भी है.................।

परेशानी विकट बाधाओं से
नहीं हमको डरना है,
इनका काम तो इंसान को
मजबूत करना है।

परीक्षा है ये मानव की
इसे भी जान जाओ तुम
अभी भी.......................।

तुम्हें ही सूर्य बनकर के
ये अँधियारा मिटाना है
तुम्हें माटी की खुशबू बनके
दुनिया को महकाना है।

बनो ताकत स्वयं की
मेरी ये बात मानो तुम
अभी भी है.................।

गैर तुम भी नहीं

गैर तुम भी नहीं, बैरी मैं भी नहीं
फिर क्यूँ अपनों को भी पास पाया नहीं
ये सजा जो मिली है वो किस बात की
मैंने तो दिल किसी का दुखाया नहीं
गैर तुम भी नहीं.............................।

मानती हूँ कि रख ना सकी महलों में
फिर भी कांटा चुभा ना तेरे पांव में
कैसे भूलूँ मैं कैसे समेटा तुम्हें
फटते आंचल की रिसती हुई छाँव में
हाल मेरा कभी पूछ तुम ना सके
घाव मैंने भी अपना दिखाया नहीं
गैर तुम भी नहीं.........................।

जिसने समझा नहीं आसुओं को कभी
वो जज्बात को क्या समझ पायेगा
जो समझ ना सका छटपाटहट मेरी
वो मेरी बात को क्या समझ पायेगा।
अपनों के बीच भी बन गयी अजनबी
मैं तेरी कौन हूँ ये बताया नहीं
गैर तुम भी नहीं...........................।

थमती सांसों को भी मैंने जी भर जिया
तेरे चेहरे को देखूं इसी आस पर,
देख फितरत तेरी आज हैरान हूँ
क्या तमाशा बनाया मेरी लाश पर।
मैं भी रोई बहुत हूँ तुम्हारे लिए
मैनें रोना किसी को दिखाया नहीं
गैर तुम भी नहीं..........................।

जब तलक भूख थी पेट में आग थी,
इक निवाला किसी ने खिलाया नहीं,
आज जब मैं नहीं, भोग छप्पन बने
मैं क्या जानू ये है क्या, जो पाया नहीं
प्यास लगती थी आँसू को अपने पिया
बहता आँसू भी मैंने दिखाया नहीं
गैर तुम भी नहीं..........................।

ठोकरें भी बहुत खाई थी राहों में
मैंने खुद को सम्भाला तुम्हारे लिए
तुमने मुंह मोड़ा मुझको भटकने दिया
इतने पर भी दुआ थी तुम्हारे लिए
तू आयेगा एक दिन तो कहती रही
बस कसक ये कि तू फिर भी आया नहीं
गैर तुम भी नहीं............................।

कुछ कहते तो होंगे

भवरें आके फूलों से कुछ कहते तो होंगे
फूल की खुशबू को वो लेते तो होंगे।
खिल उठी कलियाँ कंवल की
उसके छूने से
आयी जो किरणे वो
उस अम्बर के कोने से
खिलखिलाकर धरती भी हँसती तो होगी
ओढ़ के चुनरी फूलों की सजती तो होगी
भंवरे आके फूलों से ....।
तुम क्या जानो है बड़ी
बेचैन क्यूँ धरती
आ बरसा जा आसमाँ तू
बस ये ही वो कहती
भीगती धरती खुशियों से
झूमती तो होगी
बूँद बारिश की माटी को
चूमती तो होगी
भंवरे आके फूलों से................।

प्रेम का जहान

कुदरत की नेमतों से बना
प्यार का जहॉन
धरती है स्वर्ग सी ये
मेरा देश है महान।

न जात का न पात का
न रंग भेद का
इंसान तो बस एक है
किसी भी देश का।

नानक वही है अल्लाह
ईशू वही भगवान
इंसानियत बसी जहाँ
मेरा देश है महान।

अनेकता में एकता का
है वतन मेरा
गुलजार हुआ फूलों से
खिलता चमन मेरा
सोना उगाती धरती
सतरंगी आसमाँ
इंसानियत बसी जहाँ
मेरा देश है महान।

प्यारे मानव

प्यारे मानव भूल गये क्यों?
तुम मानव हो

ईश्वर की तू कृति अनोखी
जिसमें ताकत उसने झोंकी
देव बनाया उसने तुमको
फिर भी बनते क्यूँ दानव हो

प्यारे मानव भूल गये क्यों
तुम मानव हो।

जात वर्ण में भटके क्यों
तुम ऊँच नीच को करते क्यों
छुआ छूत की बीमारी से
ग्रसित हो निज को खोते क्यों
उद्घोष करो इस बात का कि
तुम मानव हो

प्यारे मानव भूल गये क्यों
तुम मानव हो।

त्याग शांति का तू कुंज है
विश्व धर्म शाश्वत पुंज है
राग द्वेष क्यों पाल रहे हो
क्यों शाश्वतता टाल रहे हो
तुम समता–ममता के नभ हो
फिर भी बनते क्यों दानव हो

प्यारे मानव भूल गये क्यूँ
तुम मानव हो

भक्ति मुक्ति की गाथा तुझमें
शक्ति अपार है तेरे भुज में
बड़ भागन से यह तन पाया
फिर क्यूँ व्यर्थ गंवाये काया
हर राह खुली जीवन में तेरी
फिर भी बनते क्यों दानव हो।

प्यारे मानव भूल गये क्यों
तुम मानव हो।

बेचकर मुस्कान अपनी दर्द के बाजार में

बेचकर मुस्कान अपनी दर्द के बाजार में
जो खुशी मुझको मिली वह भी कहाँ है,

मुश्किलों का रोज ही
अम्बार होता है यहाँ
जूझकर हर कदम पर
मेहनत को पूजा है यहाँ।

साथ थे आये जो बनकर, राह में हमराह थे
भीड़ में वो खो गये न दूर तक दिखते यहाँ है
बेचकर मुस्कान अपनी.................................।

शहद सी वाणी में भी
क्यों जहर हैं घोलते,
तोड़कर विश्वास को बस
स्वार्थ अपना तोलते ।
कौन अपना है पराया
भेद कैसे मैं करूँ
छीनने को हर खुशी
चारों तरफ हैं सब यहाँ,
बेचकर मुस्कान अपनी..............................।

तुमको क्या पाना है

अन्धकार से क्या डर लगना
उसको तो आना जाना है,
यह निश्चय अब स्वयं ही करना
कब तुमको क्या पाना है।

अन्धकार के भय से ही जो
कांप रहा हो जीवन में,
क्या जीवन जी पायेगा जब
खौफ भरा हो तन मन में।

निर्भय होकर राह तलाशे
उसने मंजिल पाना है,
यह निश्चय अब स्वयं ही करना
कब तुमको क्या पाना है।

काली रात नहीं है डराती
बस केवल हम डरते है
बेमतलब के वहमों से
हम मन को अपने भरते हैं,

मरना है कुछ करके मरना
डर-डर क्या मर जाना है,
यह निश्चय तुम्हें स्वयं ही करना
कब तुमको क्या पाना है।

इंसान की पहचान

न वर्ग वर्ण हैं कहीं
न ऊँच नीच है कहीं
न जात पात रंजिशें
कहीं रंग भेद भी नहीं।

आदर्श रस्म रीत है
मधुर मिलन की प्रीत है,
ईश्वर की दी ये जिन्दगी
सभी यहाँ मन मीत हैं।

अनेकता में एकता का
प्रेम का जहान है,
इन्सानियत पे मर-मिटे जो
इंसान वो महान है
न जात का.....................।

उन्मुक्त रहने दो

उन्मुक्त रहने दो मुझे
बन्धन ना डालो पाँव में
स्वयं को ही स्वयं के
रहने दो कुछ दिन छाँव में।

क्यूँ समेटा दायरों में
क्यूँ चिनी दीवार है
घुटते मन की कुछ तो जानो
इसमें बसता प्यार है।
रहने दो तन्हा मुझे तुम प्रीत की इस नाव में,
स्वयं को ही स्वयं के, रहने दो कुछ दिन छाँव में।

मैं चला था उस सफर पर
थी कठिन जिसकी डगर,
हौंसला खोया नहीं चाहे
लाख मुश्किल थी मगर
आओ तुमको ले चलूँ रहता हूँ मैं जिस गाँव में
स्वयं को ही स्वयं के रहने दो कुछ दिन छाँव में।

जीत ले दिलों को

जीत ले दिलों को जो वो हार बनिये
जोड़ दे दिलों को वो करार बनिये
सूनी सुनसान सी राहों में कभी
हमसफर आप एक बार बनिये।
सरसराती हुयी बयार बनिये
खिलते गुलशन की वो बहार बनिये
बिखरे मोती को जो पिरो ले
आप धागा वो प्यार बनिये
काटे नफरत को जो वो धार बनिये
बांधे जीवन को जो वो तार बनिये
कर दे शीतल जो धधकते मन को
आप रिमझिम सी वो फुहार बनिये।

हे शक्ति!

निश्च्छलता ही भक्ति शक्ति है,
मैने प्रेम का सागर पाया है,
हीरे मोती से भी बढ़कर
अनमोल खजाना पाया है।

मन में बसाया है तुझको
मैंने तन में रमाया है तुझको,
तेरा रूप है अनुपम अद्‌भुत है
नयनों में बसाया है उसको।

सृष्टि के कण-कण में
जीवन की रग-रग में तुम हो
सद्‌भाव भरो सबके दिल में
हर दिल में समाये ही तुम हो।

ये जग तो क्षणिक बसेरा है
जो सबकुछ है वह तेरा है।
जितना भी जियूँ परहित ही जियूँ
बस इतना सपना मेरा है।

धन्य-धन्य भारतवासी

धन्य-धन्य हम भारतवासी
धरती माँ समान है
कुदरत की गोदी में है हम,
अम्बर तात समान है।

भारत माता के गौरव को
तनिक ना हम खोने देंगे
इसकी संतति को जीवन में
हम ना कभी रोने देंगे।

सम्पूर्ण विश्व परिवार हमारा
हर प्राणी अंग समान है,
हर बाला है शक्तिपुंज,
बालक कृष्ण समान है।

प्रगति, अमन, सुख चैन, शांति की
हमको राह दिखानी है
प्रेम सूत्र में पिरो सभी को,
सुबह सुनहरी लानी है।

वृक्ष शिखर सरिता लतायें
सब पर हमें अभिमान है
देवात्मा हिमालय अपना
गंगा जग की प्राण है
धन्य-धन्य हम भारतवासी
धरती माँ समान है।

मासूम जिन्दगी

ए जिन्दगी तू भी मासूम है
निश्च्छल अभी तू तो नादान है,
दुनिया में खुशियों के संग गम भी हैं
इस बात से तू तो अन्जान है।

जिस राह में बढ़ना तुझे
संघर्ष दिन-रात हैं वहाँ,
कमजोर तुम पड़ना नहीं
हो चाहे मुश्किल का कारवाँ।
छल और कपट से भी बचना तुझे
करनी इनकी भी पहचान है,
दुनिया में खुशियों.................।

जिन्दगी तू बढ़ सही
है खुला तेरा रास्ता,
कौन जाने कब कहाँ
मौत से हो वास्ता।
है जिन्दगी खूबसूरत बड़ी
तू खुश रह यही मेरा अरमान है।
दुनिया में खुशियों.................।

राग–द्वेष भूलकर
प्यार से कदम बढ़ा,
देख फिर तेरे लिए
ये सारा जहॉन है खड़ा।
निज मन पे जिसका विश्वास है
उसके ही संग उसका भगवान है,
दुनिया में खुशियों ....।

यादें

मुझे याद आती वो बातें पुरानी
सुनाऊँ तुम्हें आज अपनी जुवानी।

चला मीलों पैदल चुनौती बहुत थी
उठा बोझ मैंने चढ़ाई चढ़ी थी,
थपेड़ों ने अक्सर मुझे ही चुना था
कई मर्तबा मौत होती खड़ी थी।
कठिनाईयों से भरी जो दिखती डगर थी
उसी राह चलने की मैंने थी ठानी,
मुझे याद आती...............................।

बढ़ाया था पग मैंने आगे जहाँ भी
संघर्ष ही तो खड़ा था वहाँ भी,
पहाड़ों के पथरीले उन रास्तों ने
बनाया जुनूनी मुझे तो वहाँ भी।
मुझे ठोकरों ने दिया दर्द जो भी
मेरी वेदना वो किसी ने न जानी,
मुझे याद आती.............................।

अकेला चला अपने मन को बचाकर
मेरे भावना ने कारवाँ भी बनाया,

सुकुन से रहा ना कभी एक पल भी
परेशानियों ने ही जीना सिखाया।
न हो कोई तन्हा कहीं भी कभी भी
मुझे सोई वो संवेदना है जगानी,
मुझे याद आती है.........................।

बिखरता रहा हर तरफ जो भी मेरे
मैंने उस दर्द को अपना साथी बनाया,
उसे साथ लेकर जहाँ भी गया मैं
तो उसने मेरा गीत मुझको सुनाया।
उसे सुनके नि:शब्द मैं हो गया था,
औठों पे हंसी थी, था आँखों में पानी,
मुझे याद आती है.........................।

मेरी माँ

माँ मेरी पूजा
माँ जीवन है,
मेरी माँ तुझे
मेरा वन्दन है।

मुझे जीवन दिया तुने, मुझे चलना सिखाया,
मिटा अँधियारा रोशन, मेरा जीवन बनाया है।
किया संघर्ष तूने आजीवन है,
मेरी माँ तुझे मेरा वन्दन है।

कभी दुःख-दर्द मुझ तक नहीं आने दिया है,
माँ सभी कड़वी घूँटों को तुमने ही पिया है।
जन्म-जन्मों का तुझसे मेरा ये बन्धन है,
मेरी माँ तुझे मेरा वन्दन है।

करुँ सेवा मैं तेरी, मैं हर फर्ज निभाऊँ,
तेरी चरणों की धूलि को मैं माथे से लगाऊँ।
तुझे ही है समर्पित मेरा तन मन है,
मेरी माँ तुझे मेरा वन्दन है।

मेरी आदर्श है तू तेरा ही अंश हूँ मैं
मुझे अभिमान है माँ, तुम्हारा वंश हूँ मैं
तुम्ही ने ही सँवारा ये जीवन है मेरी माँ
मेरी माँ तुझे मेरा वन्दन है।

तेरे शहर आ रहा हूँ

आज मैं यादों के तेरे
शहर में आ रहा हूँ
यादों में जो सुर सजे
उनको गुनगुना रहा हूँ।

है तुम्हारे शहर की भी
ये अजब सी दास्तां
भूले से ना भूल पाता
मैं तुम्हारा रास्ता
भूली बिसरी यादों को
अपने साथ ला रहा हूँ
आज मैं.....................।

इस शहर की याद मेरी
धड़कनों में है समायी,
यहाँ मैंने प्रेम की
सुन्दर सी दुनिया थी बसायी
साथ हमने जो लिखी थी
उस गजल को गा रहा हूँ
आज मैं.......................।

भाग दो

(विभिन्न कविता संग्रहों से चुनिन्दा गीत)

मेरा स्वर्णिम स्वप्न

घने बादलों का झुरमुट तो
क्षण भर में छंट जायेगा,
मेरा स्वर्णिम स्वप्न दिवस तो
सूर्य धरा पर लायेगा।

आच्छादित हो ज्योति धरा पर
श्वासों में बस जायेगी,
हर स्पन्दन से कौंध-कौंध
वह अन्तस में रच जायेगी।
ज्योतित होकर जब जनमानस, अन्धकार को मिटायेगा,
मेरा स्वर्णिम स्वप्न दिवस तो, सूर्य धरा पर लायेगा।

दैदीप्य धरा का कोना-कोना
जीवन पुष्प खिलायेगा,
धरती का कण-कण जीवित हो
अमृत रस बरसायेगा।
तोड़ कुहासों की कारा को, जीवन दीप जलायेगा।
मेरा स्वर्णिम स्वप्न दिवस तो, सूर्य धरा पर लायेगा।

हे दिव्य शक्ति

हे विश्ववंदिता, विश्वअर्चिता
दिव्य शक्ति! हे चिर निधान,
नवरस, गति दे, नयी प्रेरणा
जग-जीवन कर सदा महान्।

जीवन-पथ में स्वार्थ सकल हैं
विश्व विकल को नव बल दे,
जीर्ण-शीर्ण व्याकुल जीवन में
मंत्र एक निश्छल भर दे।

कलहयुक्त इस जीवन में माँ!
प्रेम-प्रणय दे, कर कल्याण,
नवरस गति दे, नयी प्रेरणा
जग-जीवन कर सदा महान्।

भूल गया बन्धुत्व प्रेम जो
उस कलुषित मानव-मन को,
फिर से नूतन पथ पर ले जा
शिवे सरस उसके तन को।

त्रस्त हुए इस जीवन में माँ!
भर दे नवल चेतना, प्राण,
नवरस, गति दे, नयी प्रेरणा
जग-जीवन कर सदा महान्।

स्वयं जलकर

स्वयं जलकर दूसरों को रोशनी का दान दे,
मार्ग से भटके पथिक का, हाथ बढ़कर थाम ले।

तू दिखाकर हित सिखा दे, और प्रेरित राह दे,
छोड़कर सब स्वार्थ जग के, किंतु परहित चाह दे।

अब न कर तू देर क्षण भी, पिघलकर सुप्रकाश दे,
तू धरा पर फैल इतना, लौ तेरी आकाश ले।

नित्य जलकर भी तुझे, यदि मूर्ख कोई नोच ले,
चाहता जग है तुझे क्यों, ये भी निश्चित सोच ले।

दीप-तल चाहे अँधेरा, ज्योति दिशि-दिशि भेज दे,
अब हुए निस्तेज जग को, शीघ्र ही तू तेज दे।

पिघलकर, जलकर मनुज तू बाड़ ऊँची लाँघ दे,
बुझना नहीं, मत मंद होना, कुचल तू मतान्ध दे।

तिमिर कोनों में रह न पाए, तू इतना ध्यान दे,
तू बुझा अज्ञान को, जब नित्य निश्छल ज्ञान दे।

बदलो-बदलो यह धारा

घर-घर घूमे हरकारा
बदलो-बदलो यह धारा।
रूठा-रूठा कैसा मौसम
रूखा-रूखा सा जीवन,
बाहर गोरे-गोरे हैं पर
अन्दर काले-काले मन।
व्यर्थ प्रगति का है नारा,
घर-घर घूमे हरकारा
बदलो-बदलो यह धारा।
हाय, बता ये कैसा जीवन
केवल खाकर सोना है,
कट जाए कैसे भी जीवन
और न कुछ भी होना है।
इसी सोच ने गर्त धकेला
इससे ही मानव हारा।
घर-घर घूमे हरकारा
बदलो-बदलो यह धारा।
नीरस-नीरस सारा जीवन
स्वार्थों पर ही छाने का,
पहले खाते थे जीने को
अब जीवन है खाने का।

कैसा जीवन, कैसी उन्नति
ढोंग दिखावा है सारा,
        घर-घर घूमे हरकारा
        बदलो-बदलो यह धारा।
अब ललकारा मैंने तुमको
मैं ऐसा नहीं होने दूँगा,
केवल पशु-सम रहते-सहते
मैं तुम्हें नहीं जीने दूँगा।
सृजन मंत्र को साथ लिए
बदलूँगा मैं जीवन सारा,
        घर-घर घूमे हरकारा
        बदलो-बदलो यह धारा।
अब अंकुर 'ऋजुपर्ण' 'समर्पण'
हरियाली फैलाएगा,
और 'विधाता' घर-घर जाकर
गीत प्रगति के गाएगा।
अब एक नया संसार दिखेगा
जो होगा प्यारा-प्यारा,
        घर-घर घूमे हरकारा
        बदलो-बदलो यह धारा।

जीवन यूँ न चला जाए

मन में यही है चिंता
पौरूष न व्यर्थ जाए,
इन आँधियों में जलता
दीपक न बुझने पाए।

आए न रात, दिन में
है तुझको ध्यान रखना,
रोशन हो देश अपना
तो पूर्ण होगा सपना।

सोया था रात में जब
चिंता यही रही है,
'सोया' तो सभी खोया'
यह बात ही सही है।

दुनिया के रंग सारे
मानव-हृदय में छाएँ,
कोमल कली न झुलसे
जीवन न व्यर्थ जाए।

जलकण बने

आज जलकण ही बनें हम, दें सभी को प्राण-दान,
एक क्षण भी न रूकें हम, तो बढ़े माता की शान।

जानते हैं एक जलकण के बिना जीते नहीं हैं,
कौन कह सकता है भू में, हम तो जल पीते नहीं हैं।
मान लें इसको ही जीवन, आज लें इससे ही ज्ञान
आज जलकण ही बनें हम, दें सभी को प्राण-दान।

क्या कभी विश्राम करने, एक क्षण भी ये रूकी,
सोच में नदियाँ पड़ीं कब, मैं दुखी हूँ या सुखी।
भावना परहित लिए, तुम भी बढ़ो सीने को तान,
आज जलकण ही बनें हम, दें सभी को प्राण-दान।

हर कदम पर पत्थरों से, चोट ये लेती रही,
जूझकर चट्टान से ये, शक्ति को देती रही।
शक्ति पाकर हम बढ़ें, अर्पित करें जन-जन को ज्ञान
आज जलकण ही बनें हमें, दें सभी को प्राण-दान।

शक्ति पाएँ

है अँधेरा यदि कहीं तो
सूर्य से तुम तेज लो,
हीन हैं जो दृष्टि-बल से
तुम उन्हें भी दृष्टि दो।

ज्ञान लो माँ शारदा से
शिव शिवा से शक्ति लो,
माँ का सद् आशीष लो
मीरा की अनुपम भक्ति लो।

चन्द्र से लें बिन्दु अमृत
लें गुणों को राम के,
शांति-सुख दें, हम जगत् को
गुण सभी लें काम के।

कृष्ण की सद्नीति को भी
ध्यान में हर क्षण रखें,
लेकर प्रतिज्ञा प्रताप की,
एक क्षण भी ना थकें।

और विवेकानंद जैसे
युग पुरूष हम बन जाएँ,
महावीर की दया को समझें
त्याग दधीचि का पाएँ।

अकेला मुसाफिर

मैं मुसाफिर हूँ अकेला,
एक पथ पर चल रहा हूँ।

सुबह उठकर जिधर जाऊँ,
कष्ट-दुःख क्या-क्या न पाऊँ।
पक्षियों की भाँति डेरा,
कुछ ठिकाना है न मेरा।
आज तेरे द्वार हूँ,
उस द्वार पर भी कल रहा हूँ।
मैं मुसाफिर हूँ अकेला ....।

पथ विकट, पर लक्ष्य तय है,
पड़ाव आने पर भी भय है।
जाने कहाँ, कब, कौन होगा,
जो भरा विष, मौन होगा।
अब सुधा का पान करना,
सोच मैं हर पल रहा हूँ।
मैं मुसाफिर हूँ अकेला ....।

कौन अपना और' पराया,
किसने, किसको, कैसे मिटाया।
इस उम्र तक कटते व जुड़ते,
देखे बहुत मिलते-बिछुड़ते।
आज अन्दर और बाहर,
हर ओर से मैं जल रहा हूँ।

सृजन के दीप जले

मेरे भारत को कोई, सपने में भी नहीं छले।
आसेतु हिमालय तक उसमें, नये सृजन के दीप जलें।
हर गाँव, शहर, खलिहानों में
बन्धुत्व भाव से मिलें गले,
अब कहीं नहीं भारत वसुधा पर
कभी आस्तीन का साँप पले।
मेरे भारत को कोई सपने में भी नहीं छले।
आसेतु हिमालय तक उसमें, नये सृजन के दीप जलें।
जन-जन के मन-मन्दिर में अब
खिलते रहें नित नये फूल,
क्या जानें वे मैले मन
जो बोते आए हैं बबूल,
नवयुग का स्वर्णिम सूर्य उगा
स्वागत करने को चलो चलें।
मेरे भारत को कोई सपने में भी नहीं छले।
आसेतु हिमालय तक उसमें, अब नये सृजन के दीप जलें।

मैं मुसाफिर हूँ अकेला ....।

छोड़ो बेबस कहानी

छोड़ो पुरानी वो बेबस कहानी,
शुरू कर खुशी से नयी जिन्दगानी।

मौसम सुहाना, धरा पर है आया,
बदली है तरुवर ने प्राचीन काया।
जीवन की पहली किरन बन सुहानी,
छोड़ों पुरानी वो बेबस कहानी,
शुरू कर खुशी से नयी जिन्दगानी।

चन्दन सा बन तुझे सरसहाना,
शिखर पर तुझे बैठकर चहचहाना।
ये राहें तो तुमको स्वयं ही बनानी
छोड़ो पुरानी वो बेबस कहानी,
शुरू कर खुशी से नयी जिन्दगानी।

विवशता दिखे तो उसे त्यागना है,
संकटों में अहर्निश तुझे जागना है।
तुमको तो नूतन किरण है उगानी,
छोड़ो पुरानी वो बेबस कहानी,
शुरू कर खुशी से नयी जिन्दगानी।

नव प्राण दिया

जो भी दु:खी हुआ जीवन में
तेरे चरणों में आया,
सुख का अनुभव करके सबने
मन भावन-सावन पाया।

रूप अनेकों रचकर तूने
जग का ही कल्याण किया,
नीरस पड़ते जीवन को भी
नित नूतन नव प्राण दिया।
हर जीवन तुझ पर ही निर्भर
हर को है तेरी छाया,
सुख का अनुभव करके सबने
मन भावन-सावन पाया।

जब-जब भी प्राणी ने निज को
घोर विपदा में पाया,
परेशान हो करके उसने
तुझको शीश नवाया।
तेरी ही कृपा से बदली
हर मानव की काया,
सुख का अनुभव करके सबने
मन भावन-सावन पाया।

उत्तरांचल के गाँव

कितने खूबसूरत हैं सारे,
उत्तरांचल के गाँव हैं प्यारे।

हैं घाटी-चोटी में फैले,
धोते हैं सबके मन मैले।
लगते हैं आकाश में तारे,
उत्तरांचल के गाँव हैं प्यारे।

अद्‌भुत इनकी देखो क्रीड़ा,
देश की रक्षा की भी पीड़ा।
नदियाँ झर-झर झरने सारे
उत्तरांचल के गाँव हैं प्यारे।

कोयल कू-कू करती रहती,
पावन नदियाँ मुक्त हैं बहती।
उमड़-घुमड़ कर आते सारे,
उत्तरांचल के गाँव हैं प्यारे।

गंगा-यमुना की यह धरती,
बदरी केदार पर दुनिया मरती
फूलों की घाटी मन हारे,
उत्तरांचल के गाँव हैं प्यारे।

भूकम्प त्रासदी

भूकम्प घोर त्रासदी का, पहाड़ पर आया था,
जिधर भी देखो उधर ही मौत ही साया था।
घर-महल थे ढह गये
जवानियाँ थी सो गयी,
फट गयी यहाँ-वहाँ
विकल धरा थी रो रही।
खेत और खलिहान हर बटिया को रोते पाया था,
भूकम्प घोर त्रासदी का, पहाड़ पर आया था।
बच गयी माता कहीं तो
पुत्र को बिलख रही,
नवजात बालिका कहीं
दूध को किलक रही।
खण्डहरों की छाया तक भी, क्रूर काल लाया था,
भूकम्प घोर त्रासदी का, पहाड़ पर आया था।
मौत का ताण्डव दिखाती
मृत्यु भी थी हंस रही,
लाशों के बोझ से धरा
जहाँ-तहाँ थी धंस रही।
मृत्यु को मानो किसी ने, चीख कर पुकारा था,
भूकम्प घोर त्रासदी का, पहाड़ पर आया था।

उन्हें हृदय लगाये

मिलकर बढ़ाये हम कदम, दिशा-दिशा में जायें रे,
आज मिलके हम सभी, देश गीत गाये रे।

ऊँच-नीच भेद त्याग आज सबको साथ लें,
पिछड़ गये असहाय है जो, पकड़ उनका हाथ लें।
नयी डगर नयी लहर, नयी दिशा बनाए रे।
आज मिलके हम सभी देश गीत गायें रे।

देश के इतिहास में बलिदान लाख आये हैं,
शेखर-सुभाष-लाल तक मेरे वतन ने पाये हैं।
मातृभूमि हित स्वयं, राणा शिवा बन जाये रे।
आज मिलके हम सभी देश गीत गायें रे।

शत्रु की ललकार पर हम सिंह से दहाड़ते
बढ़ चलें हैं काफिले मुश्किलें पछाड़ते।
जो बिछुड़ गये भटक, उनको हृदय लगायें रे।
आज मिलके हम सभी देश गीत गायें रे।

जीत हो या हार हो

अँधेरी धरा हो भटकता जहाँ हो
गरजता-बरसता कड़क आसमाँ हो,
निज को जलाकर भी ज्योति जलायेंगे
सुख-दुःख में बढ़ने का, सदा ही मन बनायेंगे।

गाँव हो या शहर सारा ही संसार हो
पहुँचना शिखर तक, जीत हो या हार हो,
हर राह जिन्दगी के सुखद गीत गुनगुनायेंगे
सुख-दुःख में बढ़ने का, सदा ही मन बनायेंगे।

चांदनी सा उज्जवल, मन हो हमारा
वाणी यहाँ की हो गंगा जैसी धारा,
अब सूर्य को ही हम धरा पर उगायेंगे
सुख-दुःख में बढ़ने का, सदा ही मन बनायेंगे।

इंसान ढूँढ़ो कहाँ है?

लक्ष्य उसका क्या निहित, गन्तव्य उसका है कहाँ।
आज ढूँढ़ो व्यक्ति को ये भटकता क्यों है जहाँ।

सोच कोरी रह गयी
हर श्वांस दूषित हो रही,
आज तो बस हर कदम पर
मनुजता भी रो रही।
आज तो सब छोड़कर, इंसान ढूँढ़ो है कहाँ?
आज ढूँढ़ो, व्यक्ति को ये भटकता क्यों है जहाँ।

आदर्श का चोला लिए
अब बात लम्बी हो गयी,
मतलब नहीं इस बात का,
कि क्या गलत है क्या सही।
खो गया क्यों सत्य ढूँढ़ो, सत्यवादी है कहाँ?
आज ढूँढ़ो, व्यक्ति को ये भटकता क्यों है जहाँ।

बन्धु-बांधव को समझना
अब दिखावा रह गया,
प्रेम था वह भी कहाँ
स्वार्थ में सब बह गया।
कहाँ है, आत्मीयता, बन्धुत्व खोया है कहाँ?
आज ढूँढ़ो व्यक्ति को ये भटकता क्यों है जहाँ।

मैं तेरे नाम की

मैं तेरे नाम की
पूरी दुनिया में धूम मचा दूँगा,
तेरे परचम का
नूतन इतिहास रचा दूँगा।

एक बार बस! एक बार
छिपा गीत तो गाने दो,
जिसकी मुझे प्रतीक्षा है
वह समय तो आने दो।

फिर तो मैं
सारी दुनिया की
पीड़ा निज में समा लूँगा,
तेरे अनुपम रंगों से
पूरी दुनिया सजा दूँगा।

कण-कण से हर रग-रग में
बस तेरा नाम लिखा दूँगा,
अपना यौवन खपा-खपा
जीवन ज्योति जला दूँगा।

कहता कौन?

अपने पथ बढ़ता रह मौन
देखो मुझसे, कहता कौन।

वसुधा का यौवन मधु गाता
मधुमास यहाँ कण-कण छाता,
हर सुबह बसन्त बन आती है
जो खुशियों की झोली लाती है।
तुम कहो नहीं देखो बस मौन,
न जाने मुझसे कहता कौन।।

गर्जन कभी प्रलयंकारी
होता कभी कम्पन भारी,
कभी स्वर मधुर गाते
जो कभी प्रलय लाते,
तुम देखो प्रलय रहकर मौन,
न जाने मुझसे कहता कौन।।

जग में धूम मचा दो

जग में धूम मचा दो अब
अपने भारत के नाम की
जो जवानी, देश के काम न आये
वो जवानी, किस काम की।

सारे जग में सबसे सुन्दर
प्यारा अपना देश है,
विश्व बन्धुत्व और मानवता
भारत में ही शेष है।

भारत-भारत गूँजे कण-कण
न चाह किसी पैगाम की
जग में धूम मचा दो अब,
अपने भारत के नाम की।

विश्व गुरू कहलाता भारत
अब भी पूजित होता है,
नफरत की दीवार तोड़कर
शांति बीज को बोता है।

भारत की रक्षा में यौवन
फिर चिंता किस काम की,
जग में धूम मचा दो अब,
अपने भारत के नाम की

भूचाल

टूटते हैं गिरि-शिखर, टूटता हर ढाल है,
कांपता हर मनुज दौड़ा, हाँफता बेहाल है।

हर कली अधखिली मूर्छित, टूटती हर डाल है,
दरारों में जा समाता, छल छलाता ताल है।
और वन के वन सभी, हो रहे बेहाल हैं।
टूटते हैं गिरि-शिखर..।

झुर्रियाँ चेहरे पे छाई सिकुड़ता हर भाल है,
विवशता से जूझता, आँसू बहाता बाल है।
सहजता के अश्रु को भी छल रहा यह काल है।
टूटते हैं गिरि-शिखर..।

बेखबर हैं लोग सोये आ गया भूचाल है
खाक में मिल गया सबकुछ, हर ओर बुरा हाल है।
मनुज हो गया बेबस, प्रचण्ड बना काल है।
टूटते हैं गिरि-शिखर..।

कोई मुश्किल नहीं

तूफान आने पर भी बुझे न
तुम्हें तो दिया आज ऐसा जलाना,
संकल्प लेकर बढ़ो तो सही
कोई मुश्किल नहीं स्वर्ग धरती पर लाना।

दु:खों का जहर भी पीकर स्वयं ही
खुशियों की रिमझिम वर्षा बहाना,
पूरी दुनिया को दिल में बसा तो सही
कोई मुश्किल नहीं है, क्षितिज को भी पाना।

किसी द्वार तक भी रहे न उदासी
उजाला बसा गीत खुशियों के गाना,
अमर बन के हर दिल में गूंजे सदा
कोई मुश्किल नहीं गीत ऐसा बनाना।

जलधि कहीं भी मिले छोर न तो
किश्ती स्वयं ले तटों को मिलाना,
जग में स्वयं जो खुशबू ही बिखेरे
कोई मुश्किल नहीं पुष्प ऐसा खिलाना।

मन्दिर का दीपक

इस मन्दिर के दीपक को
अब निशि-दिन ही जलने दो।

इस मन्दिर को खण्डहर करने
डाला है किसने घेरा,
ज्ञात न था इतना भी उसको
यही तो सब कुछ था मेरा।
अब तूफान चले मन्दिर में
सहज उसे भी चलने दो।
इस मन्दिर के दीपक को
अब निशि-दिन ही जलने दो।

इस मन्दिर की उस देहरी पर
गीत स्वयं के सुनता हूँ,
इसकी छाया में नित बैठा
निज जीवन-पथ चुनता हूँ।
गीत सुहाने सारे, इनको
नव प्रभात तक चलने दो।
इस मन्दिर के दीपक को
अब निशि-दिन ही जलने दो।

यह मन्दिर, इसके आँगन में
नित कीर्तन मैं करता हूँ
इस मन्दिर में निज श्वासों को
अर्पण कर मैं भरता हूँ।
तुम कुछ दिन तो इन श्वासों को,
इस मन्दिर में पलने दो।
    इस मन्दिर के दीपक को
    अब निशि-दिन ही जलने दो।

तेज आँधियाँ, रात अँधेरी
मुझको दीप बचाना है
मन्दिर के ही साया में अब
मुझको गीत रचाना है
ढलते हैं यदि आज प्राण तो
आज प्राण भी ढलने दो।
    इस मन्दिर के दीपक को
    अब निशि-दिन ही जलने दो।

सीमा पार करनी है

मौन पड़ी, गम्भीर नहीं जो
धार छलकती तरनी है,
शेष रहीं सीमाएँ मुझको
पार आज ही करनी है।

खड़ी हुई दीवार दिलों में
जड़ से उन्हें मिटाना है,
पल्लव पोषित नवल प्यार में
अंकुर एक उगाना है।
व्याकुल हैं जो आघातों से
उनमें श्वांसे भरनी हैं,
शेष रही सीमाएँ मुझको
पार आज ही करनी है।

आज निराशा में डूबा जो
उसने जीवन खोया है,
उथल-पुथल में लहरों की
जो भी जीवन रोया है।
पार अभी करना है उसको
नदियाँ अनगिन तरनी हैं,
शेष रही सीमा मुझको
पार आज ही करनी है।

राग-द्वेष-तम कारा है

सतत बहे जीवन-धारा,
कोई न भटके बेचारा।
    हरक्षण, हरपल सोचा करता
    सत्पथ से मैं दूर न जाऊँ,
    घनघोर अँधियारा जग में
    निज पथ को मैं भूल न जाऊँ।
        जीवन के अँधियारों में
        सतत बहे जीवन-धारा,
        कोई न भटके............।

काले बादल मँडराए हैं
राग-द्वेष दिखता सारा,
तम की इस प्रस्तर-कारा में
निश्च्छल जन दिखता हारा ।
स्नेहबिन्दु सब सूख गये हैं,
        सागर का जल है खारा
        सतत बहे जीवन-धारा,
        कोई न भटके............।

ईश विनय तुमसे है मेरी
सत्पथ सदा दिखाना तुम,
राग-द्वेष तम की कारा को
मन से सदा हटाना तुम ।
मन सबके अकलुषित हों
    चमके जीवन-ध्रुवतारा,
    सतत बहे जीवन-धारा,
    कोई न भटके............।

पुरुषार्थ

तुम अकेले, मैं अकेला
सब अकेले हैं यहाँ।
पुरुषार्थ जिसके पास है
वे अकेले हैं कहाँ?

जब कभी ऐसा लगा
पुरुषार्थ मन से चल दिया,
क्षण उसी आकर अलौकिक
शक्ति ने सम्बल दिया।

तब यही विश्वास लेकर
मैं बढ़ा पथ में अकेला,
झेलता ही जा रहा हूँ
आज तक भी कष्ट झेला।

कर्म पर विश्वास करना
है सफलता लक्ष्य मेरा,
अरे ओ! पुरुषार्थ केवल
चाहता हूँ नेह तेरा।

तू अकेला नहीं

पास तेरे लगा मेला
किसने कहा तू है अकेला?
किन्तु तूने जिन्दगी में
है सदा ही संघर्ष झेला।

प्रात: तुमको ओंस-कण से
स्वर्णिमा देकर सजाती,
सूर्य-किरणें लालिमा
देने तुझे नित-प्रात: आती।

सूर्य तुमको तेज देने
पास अपने ही बुलाता,
और शीतल पवन तुझको
गोद में लेकर सुलाता।

सांझ वेला की सुहानी
रात फिर लोरी सुनाती,
प्रात: की निश्च्छल हँसी भी
साथ तेरे गुनगुनाती।

प्रात: बेला, दिवस, सन्ध्या
ये अनोखे सभी प्यारे।
फिर कहाँ तू है अकेला
साथ तेरे बहुत सारे।

धाधाकते स्वर

गले से उसे भी लगाया है मैंने
जो पीयूष-घट में जहर घोल लाया।
मिला जो कुटिल से जन भी मुझको
उसे भी तो मैंने गले से लगाया।

दसों दिशाओं में लोगों ने
आँखें दिखाई,
जिधर भी गया वेदना साथ पाई।
जीवन में मैंने कहाँ चैन पाया,
संघर्ष ही साथ जीवन में आया।

हृदय तड़पता विकल मन रहा यों
न जाने खयालों में खोया रहा क्यों।
बेचैन हो गीत रातों को गाया,
धधकते हुए स्वर नहीं रोक पाया।

आज निकट है लक्ष्य शिखर

जीवन-मृत्यु का प्रश्न सामने
वह कैसा समय रहा होगा।
ओठों पर मधु मुस्कान
नयनों से अश्रु बहा होगा।

युद्ध हुआ होगा जीवन से
मृत्यु ने आ घेरा होगा ।
सबको कैद किये विपदा ने
डाल दिया डेरा होगा।

मत पूछो इस जीवन में
मैंने क्या न सहा होगा,
ओठों पर मधु मुस्कान
नयनों से अश्रु बहा होगा।

विजय पताका हाथ लिए
मैं किस क्षण तक लड़ा हूँगा।
जबकि सोचा था जन-जन ने
मैं मृत्यु गोद पड़ा हूँगा ।

संकोच वश मेरे प्रियजन को
तुमने नहीं कहा होगा।

होंठों में मधु मुस्कान
नयनों से अश्रु बहा होगा।

तुम्हे पता है जूझा हूँ पर
जीवन का पथ नहीं छोड़ा,
अपने लक्ष्य शिखर से मैंने
निज का मुख नहीं मोड़ा।
आज निकट है लक्ष्य शिखर पर,
तब तो दूर रहा होगा।
होंठों में मधु मुस्कान
नयनों से अश्रु बहा होगा।

मैं स्वयं ही

मैं स्वयं अब किरण बनकर
निशा को भी प्रभा दूँगा।
मैं स्वयं ही हवन बनकर
स्वार्थ अपना जला लूँगा।

मैं स्वयं ही फूल बनकर
चमन को भी सजा दूँगा।
मैं स्वयं त्रिशूल बन
निज शत्रु को भी मिटा दूँगा।

मैं स्वयं 'नव राह' बन
'नव चेतना' संचित करूँगा।
स्वयं बन इतिहास नूतन
सत्य का शोधन करूँगा।
मैं स्वयं अब किरण बनकर
निशा को भी प्रभा दूँगा।

हर जगह इम्तहान है

हर जगह, बस हर जगह
इम्तहाँ ही खड़ी है।

जिसके पास
पावों के लिए बेड़ियाँ
हाथों के लिए हथकड़ी है,
हर जगह और हर समय
इम्तहाँ ही खड़ी है।

दर्द जब कि साथ है
दुःख की लगी झड़ी है।
स्वागत में मेरे हर जगह
वेदना भी खड़ी है

पुरस्कार भी तो कम नहीं
यातना भी कड़ी है।
जो अहर्निश हर घड़ी है
हर जगह और हर समय
बस इम्तहाँ ही खड़ी है।

पत्थर रोज चिनाते थे

रोकेंगे हम सूर्य सोचकर
तुम दीवार बनाते थे।
बेबुनियादी दिवारों पर
पत्थर रोज चिनाते थे।

ऊँची दीवार बनाने पर भी
सूर्य नहीं रुक पाया था।
अन्य दिनों की भाँति आज,
वह जल्दी ही उग आया था।

दीवार उठाते वक्त आपने
चोट बहुत सी खायी थीं।
दीवार लुढ़कने तक भी तुमको,
नहीं चेतना आई थी।

आश्चर्य करूँ तो क्या कम है?
दुष्चक्र तुम्हारे छूट गये
बनी नहीं दीवार आपकी
तुम स्वयं ही टूट गये!!

अन्धेरा मिटाने

अन्धेरा बहुत है
घनेरे हैं कंटक
विकट पथ निशा में
स्वयं ही चला हूँ।

प्रकाश मत दो, पर
बुझाओ न मुझको
देखो स्वयं ही मैं
तिल-तिल जला हूँ।

प्रकाश देने
कुछ भी न लेने
अँधेरा मिटाने
स्वयं ही चला हूँ।

सिसकती श्वासों को

कल आते ही मैं जाऊँगा,
जीवन ज्योति जलाने
आज मिले इस समय में मुझको
बुझा दीप जलाना है।

कल आते ही मैं जाऊँगा,
अमृत रस बरसाने,
आज मुझे जीवन जलाती
आग को बुझाना है ।

कल आते ही मैं जाऊँगा,
अपना गीत सुनाने,
आज सभी दर्दों से भरा,
गीत तुम्हारा गाना है।

कल आते ही मैं आऊँगा,
तेरा मन हर्षाने,
आज सिसकती श्वासों को,
धैर्य दिलाने जाना है।

तोड़ो सन्नाटा

नहीं देर करना
सागर में तरना,
जो सुप्त हैं उनमें
जागृति भरना!

निशा से दबे जो,
सुनसान हैं अब,
जगाओ उन्हें भी,
निज गान दूँ तब।
तोड़ो सन्नाटा,
मधु झंकार करना,
जो सुप्त हैं उनमें,
जागृति भरना।।

युवा हैं यौवन से,
चंचल हैं मन से,
पड़े हैं जो यों व्यर्थ,
सोये हैं तन से,
हे शक्ति! आ तू
इन्हें दीप्त करना
जो सुप्त हैं उनमें
जागृति भरना।।

मेरे गीतों से

अधरोष्ठ की मुस्कानों से विपदा, शरमाती ही चली गयी।
देख लालिमा आँखों की, रात अँधेरी चली गयी।

संघर्षों को देख निकट, संकट भी सब दूर हुए,
निज स्वयं वरदान बना, अभिशाप तो चकनाचूर हुए।

कर्मशीलता के प्रचण्ड से, किस्मत सारी बदल गयी,
अब तक थीं जो राह रोके, सब ही चट्टानें ढल गयीं।

मेरे गीतों के हर स्वर ने सबका ही श्रृंगार किया,
सम्मानित हों या अपमानित, सबको ही स्वीकार किया।

मेरे गीतों ने मेरा हर संघर्ष उकेरा है
समझा जिसने मेरे मन को बस वो ही तो मेरा है।

पग-पग होगा मंजिल में

सूर्य उगे तो दिवस चले, अन्धकार मिट जायेगा।
बलिदानों की गाथाओं को, पल-पल गाया जायेगा।

खेतों में हरियाली होगी, कण-कण सोना उगलेगा,
डाली-डाली झूम उठेगी, भाग्य विश्व का बदलेगा।
घर-घर में खुशहाली होगी, मंगल गाया जायेगा,
बलिदानों की गाथाओं को पल-पल गाया जायेगा।

सूखे, फल वाले तरुओं को, जब दूध से सींचा जायेगा,
हर गोदी में फूल खिलेंगे, घर-घर वैभव पायेगा।
निर्धनता की परिभाषा को, जड़न्त मिटाया जायेगा,
बलिदानों की गाथाओं को पल-पल गाया जायेगा।

गूँजेगी गुरु गौरव गाथा, हर गीत सुहासित ही होगा,
मंगलमोद घरों का अब, नया तराना ही होगा।
श्रद्धा से जग नत होगा, राष्ट्र विभव बढ़ जायेगा,
बलिदानों की गाथाओं को, पल-पल गाया जायेगा।

सत्य सदा पथदर्शक होगा, गौरव होगा हर-दिल में,
प्रगति बढ़ती जायेगी, पग-पग होगा मंजिल में।
राष्ट्रीय नैतिक मंजिल को मजबूत बनाया जायेगा,
बलिदानों की गाथाओं को, पल-पल गाया जायेगा।

मुझे विधाता बनना है

मुझे विधाता बनना है,
अन्तस में ज्योति जलानी है।
निज को अन्तः से निर्णय लेकर,
सदा सफलता पानी है।

विश्वास जगाना है मुझको,
अब गीत विजय के गाने हैं।
पर्वत चाहे गगन चूमते,
मुझे धरा पर लाने हैं।

मिटते इन पग चिन्हों पर,
आँख मूँद नहीं जाना है।
निज पौरुष को जला-जला,
मार्ग नया बनाना है।

मीत तेरे गीत गाता

बढ़ रहा हूँ मैं उठाने गिर रहा जो लड़खड़ाता,
जा रहा पथ गामिनी पर मीत तेरे गीत गाता।

अभी तक तो रात है,
अब घोर तम मिट जायेगा,
भटका अँधेरे में लटकता
राह अपनी पायेगा।
तभी तो मैं सतत् ही प्रात बेला को बुलाता,
जा रहा पथ गामिनी पर मीत तेरे गीत गाता।

सूर्य की प्रथम किरन आ,
कमल भी खिल जायेगा।
दूर है जो क्षितिज से,
लक्ष्य भी मिल जायेगा।
देख लूँगा एक दिन फिर मैं तुझे मधु गीत गाता,
जा रहा पथ गामिनी पर मीत तेरे गीत गाता।

हिम के शिखर से बहता

हिम के शिखर से बहता,
यह आ रहा है कहता।

उसको क्यों भूल बैठे,
करते थे नाज जिस पर।
मूक देखता क्यों?
लपटें हैं आज इस पर।

ये जल रही धरा है
हर महल तक है ढहता।
हिम के शिखर से बहता
यह आ रहा है कहता।

भूल मत जाना स्वयं को
क्षणिक विमुख न होना
कष्ट के तूफानों में भी
तुम स्वयं को न खोना।

वही पूत है धरा का,
हर कष्ट तक जो सहता।
हिम के शिखर से बहता,
यह आ रहा है कहता।

यौवन

फूलों की तरह खिलता रहे–
सुगन्ध दूर तक दे जायें।
जग को हर्षित करे दिगन्त
ऐसे शुभ गुण सब पायें।

चाह नहीं खिलने की हो-
क्यों न कली ही चढ़ जायें।
आज चाहिए जो वसुधा को–
ऐसे पुष्पित गुण पायें।

जीवन सुखमय तब ही है–
खुश हर मानव हो जायें,
पुष्प वही है यौवन पल्लव–
स्वार्थ तजे कंटक पायें।।

नयीं किरण

फैला ये अँधियारा जग में, मिलकर दूर भगायेंगे,
नयी किरण हम हैं आशा की, नूतन दीप जलायेंगे।

हर घर में एक दीपक होगा,
जो जलना सिखलायेगा।
पग-पग पर फैले स्वार्थों को,
जो मन से ठुकरायेगा।

स्वार्थों को ही ठुकरायेंगे हम, गीत विजय के गायेंगे।
नयी किरण हैं हम आशा की, नूतन दीप जलायेंगे।

कल आँगन में जग नत होगा,
उसके ही उजियारे हम,
त्याग, ज्ञान और देशप्रेम की,
न्याय मूर्ति हों सारे हम।
जीवन की राहों में हम सब, सुन्दर फूल खिलायेंगे।
नयी किरण हैं हम आशा की, नूतन दीप जलायेंगे।

गीत गाऊँ

मुक्त हो मैं गीत गाऊँ,
बन्धनों में रह ना पाऊँ

लक्ष्य हित तोड़े हैं बन्धन, दूर कर दूँ आज भय को।
आत्मा अक्षय सदा है दूर कर दूँगा मैं क्षय को।

आपदा की ये घटायें, क्षितिज पर मंडरा रही हैं।
प्रलय की पागल बलायें, भू जगत थर्रा रही हैं।
रोककर ये सब घटायें, मोड़ दूँगा मैं प्रलय को,
बढ़ चलूँगा हर दिशा में, छोड़ दूँगा मृत्यु भय को।

घोर तम आगे खड़ा जो, मार्ग रोके व्यर्थ ही है,
श्रम में आलस्य आना, आपदा का अर्थ ही है।
तेज ले प्रकाश बन मैं, चीर दूँगा घोर तम को,
मुक्त हो मैं गीत गाऊँ, छोड़ दूँगा आज गम को।

अनुभव शेष रहे

याद मुझे उस कंटकवन की,
जिससे आगे निकला हूँ।
विपदानल की ज्वालाओं में,
सदा मोम सा पिघला हूँ।

लघु जीवन के सघन विपिन,
कदम-कदम पर शूल मिले।
अरे! लता पर इस यौवन की,
कभी न सुख के फूल खिले।

बाधाओं की चट्टानों से,
प्रगति मार्ग अवरूद्ध रहा।
कौन कष्ट है शेष जगत में,
जो नित मैंने नही सहा।

चित्र तुल्य वे सब घटनाएँ,
अंकित हैं मेरे मन में।
जीवन का सर्वस्व समर्पित,
और अश्रु हैं नैनन में।।

घटनाओं ने मुझे बढ़ाया
ढोया नहीं है जीवन को
अब क्या अनुभव शेष रहे हैं,
इस झुलसाते यौवन को।

यादें कड़वी-मीठी

सम्बन्धों के बन्धन से मैं कैसे खुद को आजाद करूँ।
यादें कड़वी-मीठी भी हैं, क्या भूलूँ क्या याद करूँ।
मैंने दर-दर ठोकर खाई,
जबसे था सीखा चलना,
पाए जख्म पग-पग पर मैंने,
मरहम स्वयं सीखा मलना।
अब पीड़ा के कठिन काल का, मन में क्यों अवसाद करूँ।
यादें कड़वी-मीठी भी हैं, क्या भूलूँ क्या याद करूँ?
अगणित दर्द मिले थे लेकिन
निकली नहीं कराहें थीं।
मूर्च्छित-सा तन हो जाता था
फैली रहती बाँहें थीं।
मन की मुरझाई फुलवारी, अब कैसे आजाद करूँ?
यादें कड़वी-मीठी भी हैं, क्या भूलूँ क्या याद करूँ?
कुछ क्षण आए प्रेम-प्रीति के,
यौवन का संचार हुआ,
स्वार्थलोलुपों से घिर मेरा
हृदय फिर तार-तार हुआ।
अपने और पराए में भ्रम, हा! किससे फरियाद करूँ?
यादें कड़वी-मीठी भी हैं, क्या भूलूँ क्या याद करूँ?

मेरी आशा तुम

तुम ही तो मेरे जीवन के
घोर तिमिर को हरती हो,
श्वास-प्रश्वास में दिखती हो तुम
मूक प्रेरणा भरती हो।

घोर निराशा के मेघों में
इन्द्रधनुष सी खिलती हो,
कंकण-पत्थर-कांटों में क्या
निपट निशा में मिलती हो।

जब-जब भी निष्प्राण हुआ तन,
तभी समायी तन-मन में,
नभ गंगा सी दिखती हो तुम
अन्तहीन जग पथ में।

सिहरन पैदा होती पल-पल
सागर हिचकोले भरता,
झूम-झूम सी जाती धरती
अम्बर मधु वर्षा करता।
षट्ऋतु हो वर्षा क्या गरमी
मन में हिम सी गलती हो,
छन्द बहें, अम्बर गूँजे
तुम संग-संग जब चलती हो।

ज्योति दिल में

ज्योति बनकर लौ हृदय में
दर्द से पनपी यहाँ,
पीर प्राणों ने सिखाया
नेह भरना है कहाँ।
कभी तो यह दीप बनकर
ज्योति औरों में भरे,
कभी तो यह टीस बनकर
हृदय में हलचल करे।
डाह करती ये हृदय में
कभी बहती भावों में,
कभी सागर–सी मचलती
डगमगाती नावों में।
कभी तो यह प्यार बनकर
दिलों में विचरण करे,
कभी यह विकराल बनकर
अग्निकण बनकर झरे।
तूफान या आँधी चले
पर निरंतर ही जले,
तम को हटा प्रकाश करती
नहीं दिखती यह भले।

प्यार रहे

दीपक का बाती से सम्बन्ध जितना
जीवन में अपना रहे प्यार इतना।

तुम्हीं प्रेरणा बन मन में समाये,
हृदय के अँधेरे तुम्हीं ने मिटाए।
है सूरज का किरणों से सम्बन्ध जितना,
जीवन में अपना रहे प्यार इतना।

तुम्हीं ने तो जीवन, हर पल संवारा
तभी तो हृदय ने तुम्हें है पुकारा
चांदनी का चंदा से सम्बन्ध जितना
जीवन में अपना रहे प्यार इतना।

क्या भूलूँ क्या याद करूँ

क्या भूलूँ क्या याद करूँ मैं।

तड़प-तड़पकर भटक रहा था
क्या घनघोर विकट निशा थी,
पागल-पागल कहते थे सब
राह न कोई और दिशा थी।
इस दिल में जो घाव हैं गहरे
उन घावों को कैसे भरूँ मैं,
समझ न पाता जान न पाया
क्या भूलूँ क्या याद करूँ मैं।

कदम-कदम पर काँटों से ही
आच्छादित था यह मन मेरा,
पीड़ाओं का आलिंगन था
कष्टों का घनघोर अँधेरा।
लघु जीवन के सघन विपिन में,
कब तक अपने दिल से डरूँ,
तुम्हीं बताओ किससे कहूँ
क्या-क्या भूलूँ क्या याद करूँ मैं।

दुख की चरम-परम सीमा थी
भटक रहा तन व्याकुल मन था,
दुनिया भर में फिरता-फिरता
कहीं न दिखता अपनापन था।
दुत्कारा था इन-उन सबने
सोच न पाया किधर चलूँ मैं,
कंठ रुंधा है बोल न पाता
क्या भूलूँ क्या याद करूँ मैं।

छला हमेशा भोलेपन को
डरावनी ये लगी हँसी थी,
पग-पग पर ही सहज सरलता
उनकी कुटिल वाणी ने डंसी थी।
दुःख ही दुःख तो झेले अब तक
कब तक दुःख के अश्रु ढरूँ मैं,
याद है सब कुछ याद न कुछ भी
क्या भूलूँ क्या याद करूँ मैं।

पीड़ा को सहा

पीड़ा को हमने सदा ही सहा है,
घेरा दु:खों का सदा ही रहा है।

किसी का न साया, मिला न सहारा,
बना दु:ख में मजबूत दिल था हमारा।
'हम साथ तेरे' ये किसने कहा है?
घेरा दु:खों का सदा ही रहा है।

मनुज से मनुज का उठा जो भरोसा,
संवदेना को उसने हर कदम पर है कोसा
दु:खों का दावानल हृदय में जला है
घेरा दु:खों का सदा ही रहा है।

जलती है धरती, जला आसमाँ है
धरा आसमाँ की भी अजब दासताँ है।
भरोसे को छल का जो धोखा मिला है,
घेरा दु:खों का सदा ही रहा है।

अपना बनाया संसार सारा
दुनिया को जीता पर अपने से हारा।
सदियों से नयनों में सागर बहा है,
घेरा दु:खों का सदा ही रहा है।

दर्द भरी कहानी

किसी की भी पीड़ा किसी ने न जानी,
दर्द भरी है जीवन कहानी।

यातनाएँ मुझे हर कदम पर मिली हैं
जीवन की कलियाँ कंटकों में खिली हैं।
अभी शेष कितनी सजाएँ सुनानी,
दर्द भरी है ये जीवन कहानी।

विश्वास को भी तो लोगों ने तोड़ा,
अपने ही थे वे जिन्होंने था छोड़ा।
कहाँ दिल की पीड़ा, किसी ने भी जानी,
दर्द भरी है ये जीवन कहानी।

संघर्ष भी तो कहाँ कम किया था,
मौत से जूझकर भी जीवन लिया था।
अभी चोट कितनी रही शेष खानी,
दर्द भरी है ये जीवन कहानी।

प्रेम का दीप

नफरत फैली कदम-कदम पर इसको आज मिटाओ,
प्रेम का दीप जलाओ, जग में प्रेम का दीप जलाओ।

हत्या हिंसा लपक रही है, विश्व बन्धु मन तड़प रहा,
गंगा की पावनता छोड़े, राग-द्वेष क्यों पनप रहा।
जहाँ दूर तक कपट दिखे ना, ऐसे मन बनाओ,
प्रेम का दीप जलाओ, जग में प्रेम का दीप जलाओ।

बाँटा है कुछ लोगों ने, देश को जाति-भाषा में,
अन्धकार में भटके फिरते, सुबह-सुबह की आशा में।
भटके कभी न कोई जग में, ऐसी राह बनाओ,
प्रेम का दीप जलाओ, जग में प्रेम का दीप जलाओ।

कुछ चेहरे दिखते अच्छे पर, मन उनका दूषित सारा,
आँखों मं अँधियारा है और भीतर घट विष का सारा।
अँधियारा जग से मिट जाए, नयी रोशनी लाओ,
प्रेम का दीप जलाओ, जग में प्रेम का दीप जलाओ।

अपने ही आँसू

अपने ही आँसू, जिन्हें गोद लेता हूँ
दु:खों को छुपाकर, खुशियों को देता हूँ।

रुंधते गले से न आवाज आयी,
अन्तस में भारी चुभन है समायी।
पलकों के आँसू दुनिया से लेता हूँ,
दु:खों को छुपाकर, खुशियों को देता हूँ।

मानव तो मानव, पत्थर भी पूजा,
दिल जानता है कहाँ तक जूझा।
दुनिया की खातिर विष भी मैं लेता हूँ
दु:खों को छुपाकर, खुशियों को देता हूँ।

दर्दों का घेरा

हर दुःख लगा जग में मेरा है,
इस तरह मेरे दर्दों का घेरा है।

कभी अपना भी दूर जाता रहा
मैं अकेला स्वयं को भुलाता रहा।
यहाँ सुख के संग-संग ही दुःख का बसेरा है
इस तरह मेरे दर्दों का घेरा है।

मैं तो तिल-तिल ही निज को जलाता रहा,
ठोकरें हर कदम पर भी खाता रहा।
मेरे दर्दों का लगा आज मेला है,
इस तरह मेरे दर्दों का घेरा है।

जिन्दगी-मौत दोनों ही संग-संग रहे,
जाने जीवन में कितने थपेड़े सहे।
हर थपेड़ा हुआ आज मेरा है,
इस तरह मेरे दर्दों का घेरा है।

उमड़ रही है प्रीत

रिमझिम वर्षा घोर कुहेरा
उमड़ रही है प्रीत रे,
कैसा मधुमय मौसम आया, आओ मेरे मीत रे।

मन से मत पूछो चंचल क्यों
दिल क्यों धक-धक करता है।
आँखों में आँसू लेकर क्यों
लम्बी श्वांसे भरता है।।
कैसा है ये बेबस मन जो
गाता विरही गीत रे!
कैसा मधुमय मौसम आया, आओ मेरे मीत रे।

आँखें अविरल तुम्हें निहारें
कौन कहाँ कब सोता है?
जब-जब आती याद तुम्हारी
बरबस ही मन रोता है।।
कोई पूछे पागल मन से
कैसी होती प्रीत रे!
कैसा मधुमय मौसम आया, आओ मेरे मीत रे।

आ अब गाँव चलें

आ अब गाँव चलें।

बाट तुम्हारी राह जोहती, नदियाँ हैं अकुलाई,
पवन के झोकें तो ठहरे हैं, कलियाँ भी मुरझाई।
ईर्ष्या की लपटों से बचकर तरु की छाँव चलें,
छोड़ सभी आडम्बर जग के आ अब गाँव चलें।

तुझे कलुषता ने झुलसाया, दूषितता ने अकुलाया,
देख ले फिर से अपना अन्तस, क्या खोया क्या पाया।
सोच ले अब भी समय बचा है, व्यर्थ न हाथ मलें,
छोड़ सभी आडम्बर जग के आ अब गाँव चलें।

नहीं कहीं ममता है दिखती, सहज भाव का नाम नहीं,
हत्या बर्बरता से अब तो, छूटी कोई शाम नहीं।
जाने इस प्रतिशोध अग्नि में, कितनों के अरमान जले,
छोड़ सभी आडम्बर जग के आ अब गाँव चलें।

आज तो रिश्ते नाते टूटे, स्वार्थों में है व्यक्ति खड़ा,
लक्ष्य शिखर पा जाने वाला, क्यों धूल-धूसरित आज पड़ा।
छला बहुत तुझको स्वार्थों ने, सोच ले तेरा कल न छले,
छोड़ सभी आडम्बर जग के आ अब गाँव चलें।

दर्द का सिलसिला

जिन्दगी की श्वांस में
मंजिलों की आस में
कारवाँ बन बढ़ रहा, दर्द का यह सिलसिला है।
प्यार की एक बूंद को
हर पल तरसते
किन्तु बदले में मिले
पत्थर बरसते।
कुछ न पूछो जिन्दगी से, गम सहित क्या-क्या मिला है,
कारवाँ बन बढ़ रहा, दर्द का यह सिलसिला है।
इस छोर से उस छोर तक
सभी को परखते रहे,
किन्तु पग-पग में मिला छल
जिसके सभी गम भी सहे।
कौन जाने कब ढहेगा, घोर दु:ख का ये किला है,
कारवाँ बन बढ़ रहा, दर्द का यह सिलसिला है।
आस की नन्हीं किरण
झेलती तम को रही,
तूफान-आँधी सभी थे
बयार विष की भी बही
सफल कैसे हो सफर यह, जिन्दगी का जो मिला है,
कारवाँ बन बढ़ रहा, दर्द का यह सिलसिला है।

कह रही है जिन्दगी

बहुत ही नजदीक मेरे, रह रही है जिन्दगी,
मैं अनोखी दासताँ हूँ, कह रही है जिन्दगी।
कुछ हकीकत है अगर
एक बुलबुला है जिन्दगी,
बूँद सागर बन स्वयं
हंसाती-रूलाती है जिन्दगी
आज अपनों से पराई सी रही है जिन्दगी,
मैं अनोखी दासताँ हूँ, कह रही है जिन्दगी।

हर तरफ ही भीड़ है
क्या यहाँ भगदड़ मची,
खो रहा है आदमी
एक श्वांस तक भी न बची।
तूफान के सारे थपेड़े सह रही है जिन्दगी,
मैं अनोखी दासताँ हूँ, कह रही है जिन्दगी।

जिन्दगी फूलों की बगिया
कंटकों का घेर भी,
कसमसाहट से भरा है
जिन्दगी का फेर भी।
इक बूँद आशा का समुन्दर, बन रही है जिन्दगी,
मैं अनोखी दासताँ हूँ, कह रही है जिन्दगी।

पुकार

मुझे पुकारते हुए वो, पुकार खो गयी,
उठा मुझे मेरे आँसुओं से, नैन धो गयी।

पता नहीं किस सुबह मिली,
किस साँझ को चली गयी
देख लो हृदय लडी,
जो कदम-कदम छली गयी।

सरल समझ की जो पुकार, वह दुर्लभ पुकार हो गयी,
मुझे पुकारते हुए वो, पुकार खो गयी।

पता नहीं वह कौन है?
क्यों साथ-साथ चल रहा,
ये आग जल रही कहाँ?
हृदय स्वयं पिघल रहा।

जिन्दगी की राह में जो दर्द बो गयी,
मुझे पुकारते हुए वो, पुकार खो गयी।

डाली

प्रफुल्लित हो झूम रही,
बता आज क्या लायी है?
चुपके-चुपके कान में कह दो,
कौन खुशी वह आयी है?

कल तक तुम क्यों मूक खड़ी थीं?
बन गूँगी बेचैन पड़ी।
आज तो तुम खुशियों से जड़ी हो,
पुष्प लिये हर राह खड़ी।

छीन लिये थे किसने गहने,
सज्जित किसने तुझे किया?
फूल डालकर मेरे ऊपर,
व्यर्थ मुझे क्यों रोक लिया?

रोक लिया तो संग में चलना,
खुशियाँ देने जन-जन को,
अमृत रस बरसाने चलना,
पड़े हुए नीरव मन को।

हे बसन्त! जल्दी आना

भँवर जगाये इसने सोये,
पुष्प दिये सब उनको खोये,
कोकिल को पास बुलाया,
सब आँसू पोंछे रोये,
जब-जब भी कोई सोयेगा,
मधुकर बन तुम गाना,
हे बसन्त! जल्दी आना!

हर पल था, वह घुटन भरा,
तड़प रही थी भले धरा।
कण-कण को पुलकित करके,
नव अंकुर को जन्म दिया।
मेरे जीवन के बसन्त ने,
बूंद-बूंद अमृत पिया
सबको आनन्दित करने
मधुर गीत तुम गाना
हे बसन्त जल्दी आना।

जब-जब भी पतझड़ आया,
डाल-डाल खाली पाया।
तब नव जीवन नयी प्रेरणा,
नयी स्फूर्ति भर लाया,

घुटनभरी तड़पी श्वांसों ने,
तब उन्मुक्त हो गीत को गाया,
अन्धकार तनिक न आये,
अब ज्योति पुंज को लाना,
हे बसन्त! जल्दी आना!

नव यौवन दान दिया इसने,
पल्लव का मान किया इसने,
नव उमंग नयी चेतना,
उन्नत मार्ग दिया इसने,
सुप्त चेतना होगी जब भी,
छोड़ेगा जन मधु पाना,
पुष्पों को विकसित कर लाना,
हे बसन्त! जल्दी आना!

मैं मधुवन दर्शन

मैं मधुवन अन्तरतम का
दर्शन हूँ मैं नन्दनवन का।

सुगन्ध सभी को दे जाता है
सौरभ बन गीत सुनाता जो,
अपनी अनुपम छटा बिखारे
सबका ही मन लुभाता जो,
तिमिर मिटाने सतत जला जो
मैं दीप बना जन मन का
मैं अंकन हूँ नन्दनवन का।

कटु कठोर नव कोंपल में,
संवेदन की धड़कन बन,
प्रतिमन को हर्षित करने,
गया मेरा अकलुषित मन,
जो ह्रदय में समा गया है
वही भाव अपनेपन का,
मैं दर्शन हूँ नन्दनवन का।

प्रगति गीत का प्रथम छन्द,
मैं कालचक्र हूँ प्रदूषण
शीतल फुव्वारों की झड़ी मैं
बना हूँ दिल का आभूषण
सूना-सूना लगता था जो
मैं दीप बना उस आँगन का
मैं दर्शन हूँ नन्दनवन का।

उलझन

कुछ सपनों में खोया था,
जाने क्यों मैं रोया था।

पल में यहाँ-वहाँ जाना,
किन्तु नहीं कुछ भी पाना,
कभी देखा सोते तुमने मुझको,
कहाँ एक क्षण सोया था।
कुछ सपनों में खोया था,
जाने क्यों मैं रोया था।

सुनता पद की सी चाप,
झंकृत होता अपने आप,
उठकर देखा उस क्षण में,
कुछ उलझन थी कण-कण में।
तुमने मुझको देखा होगा?
ढूँढ़ रहा जो बोया था,
कुछ सपनों में खोया था।
जाने क्यों मैं रोया था।

श्रृंगार बन जाता

प्रीति! मेरे गीत की, संगीत बन जाती अगर,
प्रात! मेरी जिन्दगी का, श्रृंगार बन पाता अगर।
मुस्कराते पुष्प मेरे, सुरभि को लाते अगर,
पास ही गुंजार कर, भ्रमर भी आते अगर।
साधना में लीन मैं, अनुराग पा जाता,
लो! उन्मुक्त हो मैं, नृत्यकर मधुगीत गाता।

क्षणिक यौवन का पुष्प यदि, देव को चढ़ जाता अगर,
बैठे हिमालय गोद में मैं, गम्भीरता लाता अगर।
धूल बनकर सैकड़ों, चरणों में, मिल पाता अगर,
हर कष्ट भी जीवन में मेरे, उत्साह को लाता अगर।
तो निकलकर भव जाल से मैं, मुक्त हो जाता सदा,
साधना मैं लीन मैं, अनुराग को पाता सदा।

आह से उपजा गान

अब दर्द न देना है तुमको,
मैं दर्द स्वयं ही ले लूँगा।
ये मेरे सारे दर्द इन्हें
मैं खुशी-खुशी सब सह दूँगा।

मुझको तो खुशियाँ ही देनी,
दुनिया की पीड़ा ले लूँगा।
बची हुई थोड़ी खुशियाँ
भी ला दुनिया को दे दूँगा।

मेरे हर पग पीड़ा पहुँचाओ,
इस पर भी सबका हक होगा।
हर आह से उपजा गान,
कल जग का पथ-दर्शक होगा।

संदेश लाई थी

घटा पर्वत पर छाई थी,
तू खुशी-खुशी उड़कर आई थी।

बैठ गयी थी मुझको घेरे,
आती गयी निकट तू मेरे।
या तो मेरे संग रहना था,
या तो तुझसे कुछ कहना था।

किन्तु-
आया चिल्लाते अज्ञानी,
उसने कुछ भी बात न जानी।
उड़ने लगी तू नभ की रानी,
समझाने पर एक न मानी।

अब बैठा हूँ मात्र अकेले,
सभी गये दुनिया के मेले।
सोच रहा हूँ तू क्यों आई,
क्या संदेशा मुझको लाई?

सँभलना पड़ेगा

कौन है जिससे कहूँ मैं,
वेदना अपने हृदय की।
बात जो मन में उठी है,
क्यों छिपाऊँ मैं प्रलय की?

कौन होगा पास आकर,
जो सतत प्रेरित करेगा।
कौन है जो दृढ़ता,
प्रेरणा मन में भरेगा।

कौन होगा देखना जो,
नित नये संगीत देगा।
कौन होगा व्यथित मन को,
आज निश्छल प्रीति देगा?

कौन निश्छल प्रीति देगा,
कौन प्रेरित ही करेगा?
अब तुझे तो खुद सम्भलकर
शिखर तक चलना पड़ेगा।

आह, बन्धन तोड़ डोले

तुमने कहा बन्धन है सारा,
बिना अपराध है ये कारा।
चलना कठिन होगा तुम्हारा,
मान लो कहना हमारा।

पाँव में बेड़ी सजेगी,
हाथ में हथकड़ी होगी।
उन्मुक्तता भी आज तेरी,
छटपटाती कैद होगी।

बढ़ चला था तीव्रता से,
बन्धनों से पड़े पाले।
आह, मैंने सभी बन्धन,
एक क्षण में तोड़ डाले।

मुड़ते हुए सीधे किये,
टूटे हुए सब जोड़ डाले।
आह, मैंने सभी बन्धन,
एक क्षण में तोड़ डाले।

निष्प्राण तन में

चाँदनी मुझको मिली,
अब गम नहीं मुझको जरा भी।
देख अब मैं बढ़ चला,
जीवित करूँगा जो मरा भी।

आज तक निष्प्राण होकर,
जो पड़े मझधार लटके।
बिना जीवन जी रहे जो,
मिटे वे संसार भटके।

आज इस निष्प्राण तन में,
प्राण बन मुझको समाना।
जो अँधेरे में भटकते,
रोशनी उनको दिखाना।

रोशनी देकर मैं इक दिन,
सूर्य बनकर रह सकूँगा।
किंतु दुःख है रात में,
ज्योतित उन्हें कैसे करूँगा?

चिंता नहीं, संग चाँदनी है,
ये कार्य भी अब कर सकूँगा
पीछा किया है जिस निशा ने,
नव ज्योति उसमें भर सकूँगा।

प्रियतम दुःख

ठुकरा दो लाख-लाख तुम,
मैं पास तुम्हारे आऊँगा।
दो खूब यातनायें मुझको,
मैं दूर कहीं नहीं जाऊँगा।।

तुमको मैं भूल नहीं सकता,
तुमने नित मेरा साथ दिया।
निर्बल चाहे मैं सबल रहा,
फिर भी तुमने ही प्यार किया।।

कहते हैं 'दुःख' सब तुमकों,
तुम्हें त्याग जाते हैं।
है दिल बड़ा उन लोगों का,
जो सदा तुम्हें अपनाते हैं।।

तुमने निश्छल नेह दिया,
इसी भांति देते रहना।
मेरे प्रिय हम एक सखे,
दर्द मिलकर ही सहना।।

सींच लो हृदय कली!

सींच लो हृदय कली!
सींच लो हृदय कली!

क्यों खड़े हो मूक यों ही, शीघ्र अंजुलि जल भरो,
प्रेम श्रद्धा प्रेरणा से, तृप्त कंण-कण को करो।
स्नेह से बढ़कर न कोई, स्नेह पाने ये चली,
सींच लो हृदय कली!

ये न सोचो ये कली है, पूर्णता मुझमें सभी,
उभरकर आये वहीं से, थे तो अंकुर ये कभी।
अब करो पूरित गुणों से, जो उभरने है चली,
सींच लो हृदय कली!

प्रेरणा की इस किरण से, प्रकाश फैला दो सभी
प्रेरणा से ना हो पूरित, आदर्श बनता न कभी।
धैर्य से सिंचित करो अब, स्नेह जल में जो पली,
सींच लो हृदय कली!

वेदना के स्वर

रुष्ट हैं वे आज मुझसे
मैं उन्हें कैसे मनाऊँ
वेदना के आर्त्त स्वर में
गीत तुमको क्या सुनाऊँ?

खिल रहे थे पुष्प जिस पर
शैल उग आते वहाँ,
दूर तक हैं खाईयाँ
वे उधर हैं हम यहाँ।
खाइयों को लाँघकर भी
आज पथ को मैं बनाऊँ,
वेदना के आर्त्त स्वर में
गीत तुमको क्या सुनाऊँ?

जिधर भी मैं जा रहा हूँ
ठोकरें ही खा रहा हूँ।
पुष्प मिलते हैं कहाँ
मैं कंटकों पर जा रहा हूँ।
कंटकों की आह से ही
गीत अपना मैं रचाऊँ,
वेदना के आर्त्त स्वर में
गीत तुमको क्या सुनाऊँ?

तूफान पीछे लगे हैं
मैं जिस दिशा में जा रहा हूँ,
हर कदम हर मार्ग में ही
आँधियों को पा रहा हूँ।
तूफान आँधी से स्वयं को
ओह! कैसे मैं बचाऊँ,
वेदना के आर्त्त स्वर में
गीत तुमको क्या सुनाऊँ।

जीवन छोटा कथा बड़ी है

जीवन छोटा कथा बड़ी है
जिसको कह नहीं पाऊँगा,
आह भरे सब गीत हैं मेरे
जिनको गा नहीं पाऊँगा।

जीवन क्या है यह न पूछो
संघर्ष मेरा जीवन है,
तड़प-तड़प कर बचा रहा जो
ऐसा ही विह्वल मन है।

अब तुम पीछे आते हो
जो छोड़ चले थे तब मुझको,
ओ सुख, हट! क्षणभर के साथी!
मित्र कहूँ क्या मैं तुमको?

दुःख को पलभर छोड़ न सकता
ये मेरा, मैं हूँ इसका,
सुख ने छोड़ा जिसने पोषा
आभारी हूँ मैं उसका।

मैं कली हूँ

सुबह उठते पास आकर
किसी ने मुझको जगाया।
हाथ लेकर मुस्कराते
किसी ने मुझको नचाया।

बढ़ धरा की गोद शैशव
आज मैं पुलकित हुई हूँ।
कंटकों से बच निकलकर
आज मैं विकसित हुई हूँ।
मैं कली हूँ .... ।

पग तले कुचला उन्होंने
जब पड़ी थी आह में,
खिल गयी हूँ पूर्ण मैं
अनगिन खड़े तब राह में।

आज तो सूरज व चंदा
पास आ मुझको सजाते
दूर से आकर भ्रमर भी
झूमकर है गुनगुनाते

पाने मुझे हर पथिक भी
स्वांग ढेरों है रचाता
किन्तु रक्षक रूप माली
है मुझे नित-नित बचाता
इस हरित उद्यान में मैं
राजकन्या सी पली हूँ
मैं कली हूँ।

जिन्दगी बन गयी

हर मोड़ पर क्षण में गुजरना
जिन्दगी बन गयी मेरी।
स्वयं हूँ इस पार मैं
उस पार है स्मृति तेरी।

वाहनों में है सफर
रात-भर मैं जागता हूँ।
सांस ली है चैन की कब
हर कदम पर भागता हूँ।

हर कदम हर मोड़ पर
स्मृति बन छाई है तेरी।
हर मोड़ से क्षण में गुजरना
जिन्दगी बन गयी मेरी।

मातृ-वन्दना

कंठ तेरे हैं अनेकों, स्वर तुम्हारा एक है,
स्वर तुम्हारे पूज्यपादों में भी मेरा एक है।

कंठ सारे एक होकर, गान तेरा ही करें,
भू-जगत की पूज्यमाता, कष्ट-दुख सब ही हरें।

सैकड़ों मस्तक चढ़े माँ, मैं भी उनमें एक हूँ,
चाहता हूँ वदनीय माँ, क्षण व कण प्रत्येक दूँ।

एक लय में गीत तेरे, सब पुकारें माँ तुम्हें,
सुरभि अमृतरस सभी, बाँट दो माता हमें।

हाथ अनगिन कर रहे हैं, वन्दना माँ की अभी
हाथ हैं उनमें भी मेरे, पुत्र तेरे जो सभी।

कोटि चरणों से सुशोभित, पूत तेरे बढ़ रहे,
वत्सले! मन के हमारे, दीप सारे चढ़ रहे।

पुत्र मैं हूँ माँ तुम्हारा, तुम मुझे स्वीकार लो,
पूर्ण अर्पित बाल तेरा, माँ मुझे अब तार दो।

भारतीयों आज हमको

भारतीयों, आज क्षण-क्षण हमें पहचानाना है
भारतीयों.................................।
स्वार्थ में ऐसे फँसे हम, देश डूबा जा रहा है,
ध्येय, निष्ठा खो गयी अब, द्वन्द्व पल-पल छा रहा है।
बस यही तो स्वार्थलिप्सा कर गयी बर्बाद हमको,
यह सनातन सत्य मानो, स्वार्थ को अब त्यागना है।
भारतीयों, आज का क्षण-क्षण हमें पहचानना है।

साधना का पथ पकड़कर, बन्धुओं को था जगाया,
बहुत कुछ बलिदान देकर, मातृ भू को हमने पाया।
किंतु अरि की दृष्टि मेरे देश से हटने न पाई,
शत्रु की मंशा को हमने आज फिर से नकारना है।
भारतीयों, आज का क्षण-क्षण हमें पहचानना है।

आसरा जिसको दिया, धोखा किया उसने हमीं से,
दुष्ट बन तांडव किया, छल भी किया मेरी जमीं से।
किंतु अब हम इस जमीं पर छल-कपट होने न देंगे,
हम सभी को कर दिखाने स्वयं को ही जानना है।
भारतीयों, आज का क्षण-क्षण हमें पहचानना है।

जातिवादी का विष भयंकर, फैलता ही जा रहा है,
इसलिए जग द्रोह करने इस जमीं पर आ रहा है।
किंतु अब हम इस जमीं पर, द्रोह को पलने न देंगे,
आज हमको देश-भर से द्रोहियों को छानना है।
भारतीयों, आज का क्षण-क्षण हमें पहचानना है।

भारत देश महान

त्याग, तपस्या, प्रेम, भक्ति,
किस-किसका करूँ बखान,
अनगिन गाथाएँ जिसकी
ये भारत देश महान्।

चंदन जैसी सुरभित मिट्टी,
पावन गंगा है प्यारी,
भाषाओं को जन्म दिया,
जिसने वो संस्कृति है न्यारी।
वेदों का अनुपम ज्ञान लिए,
जो फैली सारे जहान,
त्याग, तपस्या, प्रेमभक्ति,
किस-किसका करूँ बखान।
अनगिन गाथाएँ जिसकी
ये भारत देश महान्।

हिमगिरि-सा माथा उन्नत है,
सागर मस्तक नत करता,
शंकर लिए त्रिशूल हाथ में,
जन-जन के दुःख को हरता।

पावनता सीता की घर-घर,
अपनी रखती अद्भुत शान,
त्याग, तपस्या, प्रेमभक्ति,
किस-किसका करूँ बखान।
अनगिन गाथायें जिसकी
ये भारत देश महान।

बलिदान की सौगन्ध

देश के बलिदान की सौगन्ध है बस आज हमको
देश के बलिदान.......................................।

कातिलों की गोलियों में जान कितनी, देखना है,
दुश्मनों को मूल से उखाड़ हमको फेंकना है।
गोलियाँ खाकर मिटाना है अराजक राज हमको,
देश के बलिदान ....।

रक्त की धारा बही जो, साक्षी उसकी धरा है,
देशहित बलिदान देने, जोश युवकों में भरा है।
एकता के गीत गाने, विजय के हों ताज हमको,
देश के बलिदान ....।

जालिमों के जुल्म से हम श्वास अन्तिम तक लड़ेंगे,
देश की खातिर जिए हैं, देश की खातिर मरेंगे।
जान देकर भी बचानी, देश की है लाज हमको,
देश के बलिदान ....।

देशहित नित टोलियाँ, हर कारवाँ से अब बढ़ेंगी,
संघर्ष के उच्च शिखरों पर, सफलता से चढ़ेंगी।
विश्व में विख्यात था, लाना वही है राज हमको,
देश के बलिदान की, सौगंध है बस आज हमको।

कहीं देश है विपदा में...

यदि देश हुआ विपदा में साथी तुम उठ जाओ।
सब कुछ न्यौछावर करना,
देशभक्ति मन में भरना,
तूफानों के इस रस्ते में, साथी गीत विजय के गाओ,
यदि देश हुआ विपदा में, साथी तुम उठ जाओ।
विपदा में डिगना नहीं,
तूफानों में झुकना नहीं,
मर-मिट जायेंगे देश पर कसम देश की खाओ,
यदि देश हुआ विपदा में, साथी तुम उठ जाओ।
देशद्रोह अब टिके नहीं,
देशप्रेम अब बिके नहीं,
गूँज उठेगा शंखनाद, भारत की दिशा-दिशा में जाओ,
यदि देश हुआ विपदा में, साथी तुम उठ जाओ।
चैन की बंसी को फेंको,
मूक बनकर अब मत देखो,
मातृभूमि पर मिटकर तुम जन्म अमरता का पाओ,
यदि देश हुआ विपदा में साथी तुम उठ जाओ।

बढ़ चलें हम ग्रामवासी

बढ़ चले हम ग्रामवासी, ले मशालें हाथ में,
देशवासी उठ गये हैं, चल रहे सब साथ में।

हम कब तलक डाले रहें, बेड़ियाँ निज पाँव में,
हम पूछते कब तक रहें, मायूस अपने गाँव में।
पतझड़ सदा रहने लगा, क्यों गाँव के इस पात में
अब बढ़ चले हम ग्रामवासी, ले मशालें हाथ में।

पूछती गिरिकंदरा, हम हीन क्यों इस देश में,
पूछता पर्वत बताओ, नग्न क्यों इस वेश में।
हम बात अपनी क्या करें, आँसू गिरें हर बात में
अब बढ़ चले हम ग्रामवासी, ले मशालें हाथ में।

पूछते घनघोर वन, अपराध हमने क्या किया,
वे मिटाते हैं हमें, जीवन सदा जिनको दिया।
क्रूर बन लूटा हमें, घोंपी कुल्हाड़ी गात में
अब बढ़ चले हम ग्रामवासी, ले मशालें हाथ में।

चीखते पशु और पक्षी, ताल सूखे क्यों पड़े,
इक बूँद पानी को तरसते, मौत के मुँह में खड़े।
हम कब तलक लुटते रहें, मिटते रहेंगे साथ में।
अब बढ़ चले हम ग्रामवासी, ले मशालें हाथ में।

नवयुग धरती पर लाएँगे

हम भारत की फुलवारी में, अनुपम वैभव विकसाएँगे,
हम अपने खून-पसीने से, नवयुग धरती पर लाएँगे।

शोभित करने को दिशा-दिशा, हम नील गगन पर छाएँगे,
फिर देशप्रेम की हरियाली, इस धरती पर सरसाएँगे।
निर्बल हों चाहे बलशाली, सब मिलकर कदम बढ़ाएँगे,
हम अपने खून-पसीने से, नवयुग धरती पर लाएँगे।

जिजीविषा की वृत्ति अटल-सी, आज हमारे मन में है,
निश्चय आज भगीरथ जैसा भारत के जन-जन में है।
अब तो अपनी संस्कृति का ध्वज हम जगभर में फहराएँगे,
हम अपने खून-पसीने से, नवयुग धरती पर लाएँगे।

निश्चिर-हीन करेंगे धरती, हमको अब विश्राम कहाँ,
प्रात बनेगा पांचजन्य, हर स्वर्णिम होगी शाम यहाँ।
पौरूष को पूजेंगे हम सब, फिर गीत विजय के गाएँगे,
हम अपने खून-पसीने से, नवयुग धरती पर लाएँगे।

कुर्बान होगा देश पर

कुर्बान होगा देश पर जो,
इतिहास उसी को गाएगा।

वीर तो वह रहा जग में
जिसने सदा संघर्ष झेला,
तूफान-आँधी हो पर
अभय उसने खेल खेला।
संघर्षों से यदि भागा तो
सोच कहाँ तू जाएगा?
कुर्बान होगा देश पर जो,
इतिहास उसी को गाएगा।

चीर दो उस गहन तम को
आज जो फैला हुआ है,
और मिटा दो वह कलुषता
जिससे मन मैला हुआ है।
रोशनी में खो गया हो
वह रोशनी न पाएगा,
कुर्बान होगा देश पर जो,
इतिहास उसी को गाएगा।

अब रक्त न पानी बने
शीश अपना झुके नहीं,
लाख संकट सामने हो
वह वीर है जो रुके नहीं।
दृढ़ता से जो बढ़ा, वह
सफलता ही पाएगा,
कुर्बान होगा देश पर जो,
इतिहास उसी को गाएगा।

हम दुनिया की शान

हिदुभूमि के निवासी, हम दुनिया की शान हैं।

रंग-रूप सब भिन्न-भिन्न पर
राष्ट्र मन सब एक हैं,
भाव सभी के एक सरीखे
भाषा चाहे अनेक हैं।
हम परहित न्यौछावर होकर जीवन देते दान हैं
हिन्दुभूमि के निवासी हम दुनिया की शान हैं।
लक्ष्य रहा सर्वोच्च हमारा
और इरादे नेक हैं,
रहन-सहन हो अलग-2
पर मन तो सभी एक हैं।
हम भारत के मानबिन्दु का करते नित सम्मान हैं,
हिन्दुभूमि के निवासी हम दुनिया की शान हैं।
शक्ति-शील-सौन्दर्य लिए
निर्बल को दिया सहारा है,
'सर्वे भवन्तु सुखिनः' का
रहा हमारा नारा है।
देशहित बलिदान दिये जाने के हमारे गान हैं,
हिन्दुभूमि के निवासी हम दुनिया की शान हैं।

झूम-झूम गाओ रे

भारत के लाल आज झूम-झूम गाओ रे।

सारा ही देश आज
झूमा है मस्ती में,
देखो खुशी छाई है
हर एक बस्ती में।

स्वाधीनता की खुशियाँ लहराओ रे।
भारत के लाल आज झूम-झूम गाओ रे।

आज तो गगन में भी
उल्लास छाया है,
देशभक्ति का देखो
कैसा रंग छाया है।
देश के सपूतो, आज देशभक्ति पाओ रे।
भारत के लाल आज झूम-झूम गाओ रे।
याद करो उनको आज
मरकर जो अमर हुए,
कल्पना करो जरा
अन्याय जो बर्बर हुए।
सँजोएँगे स्वतंत्रता कसम मिलकर खाओ रे।
भारत के लाल आज झूम-झूम गाओ रे।

सोचो स्वतंत्रता हित
क्या-क्या नहीं खोया है,
देश के बलिदानियों को
सारा देश रोया है।
देश के सपूतों से प्रेरणा को पाओ रे।
भारत के लाल आज झूम-झूम गाओ रे।

संघर्षों से लक्ष्य पाया

हमने तो संघर्षों से ही लक्ष्य-शिखर को पाया है।

संकट की घड़ियाँ झेल-झेल, विश्वास अटल हो जाता है,
तूफान स्वयं ही हटते हैं औ' प्रातः सुहाना आता है।
विध्वंसों के तांडव में भी, नित गीत सृजन का गाया है,
हमने तो संघर्षों से ही लक्ष्य-शिखर को पाया है।

मतवालों की यह दुनिया है, कायर के गीत नहीं गाती,
उथल-पुथल से घबराकर मंजिल तो निकट नहीं आती।
उथल-पुथल में भी हमने, हर गीत प्रगति का गाया है,
हमने तो संघर्षों से ही लक्ष्य-शिखर को पाया है।

असुरों की कपट-कुचालों से डरकर जिसने पथ मोड़ा है,
परिवार नहीं दुनिया तक ने, उससे निज नाता तोड़ा है।
हम लड़े सदा उन असुरों से, दुष्चक्र जिन्होंने ढाया है,
हमने तो संघर्षों से ही लक्ष्य-शिखर को पाया है।

कालरात्रि से घबराकर, उषा जयमुकुट नहीं लाती,
कोई पीढ़ी सोते रहने से, अपना लक्ष्य नहीं पाती।
हम बढ़ें हमेशा कठिन डगर, अँधियारा चाहे छाया है,
हमने तो संघर्षों से ही लक्ष्य-शिखर को पाया है।

भारत के रखवाले

भारत के रखवाले हैं हम, भारत के रखवाले,
सारा जग जाने हमको, हम देशप्रेम के मतवाले।

सत्य, अहिंसा, प्रेम बिखेरें, मंत्र-मुग्ध कर दें मन को
ज्ञान-दीप के ज्योति-पुंज से, ज्योतित करें सभी जन को।
दीन-हीन को गले लगाते, हम देशप्रेम के मतवाले,
भारत के रखवाले हैं हम, भारत के रखवाले।

पूजन-अर्चन करें देश का, मातृभूमि इसको मानें,
इसकी खातिर जीवन अर्पित, राष्ट्रदेव इसको जानें।
तन-मन इस पर आज लुटा दें, और नया जीवन पा लें,
भारत के रखवाले हैं हम, भारत के रखवाले।

मतवाले हम उसी शौर्य के, जो वीर शिवा ने दिखलाया,
कर्म किये जा मंत्र हमें था गीता ने भी सिखलाया।
आँच न आने देंगे उस पर, जहाँ थे राणा मतवाले,
भारत के रखवाले हैं हम, भारत के रखवाले।

मातृभूमि की पूजा में

मातृभूमि की पूजा में अब, अपना पुष्प चढ़ाना,
श्रेष्ठ कर्म के शुभ सुमनों से, माँ का मान बढ़ाना।

युगों-युगों से इस मन्दिर में
यौवन-पुष्प चढ़ाए,
होंठों पर मुस्कान लिए
बलिदानी बढ़ते आए।
आज बाँधकर कफन शीश पर, आया ये परवाना,
श्रेष्ठ कर्म के शुभ सुमनों से, माँ का मान बढ़ाना।
जिसकी रजकण चंदन है
निर्मल गंगा की धारा,
हरा-भरा वक्षस्थल इसका
और हिमालय प्यारा।
कल-कल, छल-छल करती नदियाँ गाती फिर-फिर गाना,
मातृभूमि की पूजा में अब, अपना पुष्प चढ़ाना।
नैसर्गिक सुषमा की जननी
ऋषि-मुनियों की माता,
सदा पली जिसकी छाया में
यह गौरवमय गाथा।
इसकी गौरव-गरिमा को तो सारे जग ने जाना,
मातृभूमि की पूजा में अब, अपना पुष्प चढ़ाना।

भारत माता

भारत माँ तेरी जय, जयकार हो।

हिमालय-सा ऊँचा मस्तक तेरा,
चरणों को चूमें सागर घेरा।
कदमों में माता तेरे, सारा संसार हो,
भारत माँ तेरी जय, जयकार हो।

गंगा-सी पावन है नदियाँ हमारी,
सुमन गुच्छ-सी माला भू पर उतारी।
हिमगिरि-सा ऊँचा ये संसार हो,
भारत माँ तेरी जय, जयकार हो।

तेरे धाम चारों दुनिया में न्यारे,
यहाँ पधारे सुख पाने, दुनिया से सारे।
रहें सभी मिलके आपस में प्यार हो,
भारत माँ तेरी जय, जयकार हो।

सुंदर बहुत है स्वर्ग-सा देश मेरा,
समर्पण तुझे माँ नमन भी है मेरा।
अब न कहीं भी घिरा अन्धकार हो,
भारत माँ तेरी जय, जयकार हो।

ऐसा देश बनाएँ

जिसका यश जग-जग में फैले, ऐसा देश बनाएँ,
डगर-डगर में पग-पग पर हम, गीत विजय का गाएँ।
ज्ञान और विज्ञान के
हर क्षेत्र में बढ़ जाएँ,
चीर सभी संकट के बादल
उषा धरा पर लाएँ।
चिर उदार भारत संस्कृति को, दिशा-दिशा ले जाएँ,
जिसका यश संसार में फैले, ऐसा देश बनाएँ।
स्वर्णिम वर्णों में अंकित
सबसे उन्नत बलिदान करें,
कोटि-कोटि कंठों से मुखरित
भारत का जयगान करें।
अपने पौरूष सद्‌निष्ठा का, ध्वज जग में फहराएँ,
जिसका यश संसार में फैले, ऐसा देश बनाएँ।
यहाँ न भाषा का झगड़ा हो
जाति-पाँति का भेद नहीं,
दूर-दूर तक रहे नहीं अब
ऊँच-नीच का भेद कहीं,
स्नेहसिक्त मानव की वाणी, जन-जन तक पहुँचाएँ,
जिसका यश संसार में फैले, ऐसा देश बनाएँ।

देश हम जलने न देंगे

हर कदम इतिहास स्वर्णिम,
हम इसे गलने न देंगे।
        हम स्वयं जल जाएँगे पर,
        देश हम जलने न देंगे।
सभी को बांधव समझना,
रही मानवता हमारी।
बन्धु से ही कपट करना,
नियति दूषित थी तुम्हारी।
सहिष्णुता के साधकों को,
हम अधिक छलने न देंगे।
        हम स्वयं जल जाएँगे पर,
        देश हम जलने न देंगे।
तुमने छला हमको मगर,
हम बन्धु तुमको मानते हैं।
मनुज का सम्मान करना,
हम शुरू से जानते हैं।
कर चुकाएँगे भले ही,
व्यवस्था ढलने न देंगे।
        हम स्वयं जल जाएँगे पर,
        देश हम जलने न देंगे।

दिव्य रूप यहाँ

माँ का अद्‌भुत आंचल देखे, मन विह्वल हो उठता है,
मानस की पावन युक्त धरा पर, नर नारायण हो मिलता है।
शुद्ध पवन मधु भाव भरा
जैसे गीता का गान लिए,
सुप्रभात का ओंस कणों में
झूमे अमृत पान किये।
जगत रचा है कर्म भरा, शांति पर्व यहाँ मिलता है,
मानस की पावन युक्त धरा पर, मन दिव्य रूप में खिलता है।
नन्दन कानन अहा सुगंधा
जहाँ मिटे भोगों का फन्दा,
ऐसी है माँ धरती अपनी
जहाँ कदम-कदम पर नन्दा।
अन्तस चेतन ब्रह्म समया, सुख का वैभव मिलता है,
मानस की पावन युक्त धरा, हर रूप दिव्य ही खिलता है।
कष्टों में रहकर भी जिसने
केवल खुशियाँ बाँटी हैं,
कण-कण सोना उगल रही
देखो यह अपनी माटी है।
चाँद यहाँ आँगन में रहता, सूर्य जमीं पर खिलता है,
मानस की पावन युक्त धरा जहाँ, दिव्य रूप ही दिखता है।

भारत की तकदीर उठो!

दीन दरिद्र किसान उठो,
हे भारत की तकदीर उठो!
जग उठो भारत के तरुणों,
भारत की तस्वीर उठो!
हे भारत के भाग्य विधाता, तुम तन्द्रा त्यागो उठ जाओ!
उठ जाग उठो भारत के कण-कण, पग-पग वैभव सरसाओ।

उठ जाओ, जग-जाग उठो
भारत की पावन भक्ति उठो,
उठ जाओ, उठ जाओ अब
भारत की सोयी शक्ति उठो।
करो सामना हर मुश्किल का, विजय पताका फहराओ,
उठ जाग उठो भारत के कण-कण, पग-पग वैभव सरसाओ।

निर्बल न बनो विश्वास करो,
हर शक्ति समायी तुममें है,
पूरी दुनिया भर की देखो
अनुरक्ति समायी तुममें है।
कारायें संशय की कैसे! कर्म वीरता दिखलाओ,
उठ जाग उठो भारत के कण-कण, पग-पग वैभव सरसाओ।

संकल्प लिया

हम भारतवासियों ने मिलकर, यह अनुष्ठान किया है,
दीप जला, घन तिमिर मिटाने का संकल्प लिया है।

वर्षों से शोषित वनवासी, जंगल-जंगल भटक रहे,
अपनी शिक्षा स्वच्छ दिशा हित, नित-नित हैं वे तरस रहे।
आज उन्हें संग ले चलने का, हमने अपना यत्न किया है,
दीप जला, घन तिमिर मिटाने का संकल्प लिया है।

गिरिवासी जो बन्धु उपेक्षित, उनका मान बढ़ाना है,
ग्राम देवता के चरणों में तन-मन भेंट बढ़ाना है।
कष्टों में रहकर भी जिसने, मातृभूमि का मान किया है,
दीप जला, घन तिमिर मिटाने का संकल्प लिया है।

दक्षिण हो या पूर्वांचल, पश्चिमांचल दिव्य हमारा है,
हिम का आंचल है मनोरम उत्तरांचल प्यारा है।
रूप विविध हैं भाव निराले, सबको हमने एक किया है,
दीप जला, घन तिमिर मिटाने का संकल्प लिया है।

वह रसधार नहीं

वह प्रेम मधुर रस धार नहीं है,
जो जन-जन तक ना पहुँच सके।
वह शब्द नहीं कटु तीर सा है,
जो जनहित के विपरीत झुके।

वे चक्षु कहाँ है मानव के,
जिनमें समाज का दृश्य नहीं।
क्या भाव समाया है उसमें,
जिसने देखा दुःख दर्द नहीं।।

पौरूष, पौरूष युक्त नहीं,
जो शत्रु देखकर उबले ना।
आवाज विहीन वह तरूण यवुक,
अन्याय देखकर सम्भले ना।।

उन्नत मस्तक उसे न कहते,
जो स्वार्थ क्षणिक में झुक जाता।
दृष्टि विहीन वही मानव है,
जो अनोपचार लख रूक जाता।

यही राष्ट्र है देव सभी का

यही राष्ट्र है देव सभी का, यही पूज्य है हम सबका।
ज्ञान दिया हर प्राण दिया है, सुप्त हुआ था जन कबका।।

भव्य पुरूष बन राष्ट्र खड़ा है, यह ब्रह्म ब्रह्मांड यही।
षड्ऋतु जिसमें स्वर्ग हार है, वेद भूमि भू हार वही।।
वेद ऋचायें अखिल विश्व में, करती दूर हृदय तम का।
यही राष्ट्र है देव सभी का..।।

देव कण्ठ में हार रूप है, भारत की अनगिन नदियाँ।
चरण चूमते आया है जग, बीत गयी अनगिन सदियाँ।
पुण्य करे पावन प्राणी को, एक बिन्दु भी इस जलका।
यही राष्ट्र है देव सभी का ....।।

चण्डशक्तिधारी पुरू है यह, इसका कण-कण जन है।
करें अर्चना वन्दना, इसका पल-पल हर मन है।।
नित्य करें पूजन अर्चन सब यह कर्तव्य है हर जन का।
यही राष्ट्र है देव सभी का...।।

सिर पर ताज हिमालय जिसके, पाँव पखारे जल सागर।
मार्ग दिखाकर दुष्ट संहारे, जिसमें नित नटवर नागर।।

जग में भारत देश हमारा

जग में भारत देश हमारा,
है प्राणों से प्यारा।
है प्राणों से प्यारा।।

यहाँ देश का श्रृंग हिमालय,
कल-कल गंगा बहती
चट्टानों तूफानों में भी
आगे बढ़ती रहती।।
आज हमें भी आगे बढ़ना, खूब लगायें नारा
जग में भारत देश हमारा, है प्राणों से प्यारा।
जहाँ सप्तपुरि ज्ञान कराती,
सबके मन हृदय तम का।
यहीं सप्त सिंधु के जल से,
भारत का कण-कण चमका।
बन सिन्धु हमें भी परोपकार करना देखो सारा
जग में भारत देश हमारा, है प्राणों से प्यारा।
जहाँ राम है बच्चा-बच्चा
भरत-कृष्ण-अर्जुन सारे
जीवन की सच्चाई से ही
सब दुष्ट-दस्यु हैं हारे।
शस्य-श्यामला बनकर बहती राष्ट्रवाद की धारा
जग में भारत देश हमारा, है प्राणों से प्यारा।

धान दौलत वैभव न मिले

धन दौलत वैभव न मिले माँ, भरत भूमि की धूलि मिले।
धन में प्यार नहीं होता माँ, इनमें तो हैं शूल खिले।।

स्वर्ग भी मुझको नहीं प्यारा,
मुझे गोद माँ की प्यारी।
जिस गोदी में जन्म लिया माँ,
वही स्वर्ग से है न्यारी।
जीवन भर संघर्ष करूँ माँ हार मिले या जीत मिले।
धन दौलत वैभव न मिले माँ, भरत भूमि की धूलि मिले।।

तेरा दुःख ही अपना दुःख है
तेरा सुख मन की तरंग
चाहे कितनी विपदाओं में,
छोड़ूँ नहीं माँ तेरा संग।।
आगे बढ़ता जाऊँगा माँ दुनिया तो क्या ब्रह्म हिले।
धन दौलत वैभव न मिले माँ, भरत भूमि की धूलि मिले।।

सुख की चाह नहीं

रह–रह कर अब चलने का, नहीं समय है रे वीरों।
दिखला दो दुनिया को पौरूष, पीछे नहीं हटो धीरों।।

नहीं याद करता उसको जग, जो न कुछ कर दिखलाता।
जीवन सारा व्यर्थ गुजरता, कायर भी है कहलाता।।
आज समय ऐसा है जग में, पाप पुण्य से टकराया।
सही दिशा में जाने वाला, है मानव भी घबराया।।

श्रेष्ठ मार्ग को अपनाकर अब, हीन भाव त्यागो वीरों।
रह–रह कर अब चलने का, नहीं समय है रे वीरों।।

देखो हिंसा पग–पग पर, नहीं सम्भल पाता मानव।
खुशियाँ खूब मनाता है वह, सुख लेता पग–पग दानव।।
वह व्यक्ति से वीर बना, जिसने इकसा प्रतिकार किया।
काँटों पर ही चल करके, जग पर जिसने अधिकार किया।।

आज चुने उस पथ को हम भी, हिम्मत करके रे धीरों।
रह–रह कर अब चलने का, नहीं समय है रे वीरों।।

भारत सपूत

मातृ भूमि की इस वेदी पर,
अर्पित अनेक जवानी है।
कोटि प्रणाम सपूतों को,
जिनकी यह अमर कहानी है।।

जंजीरों में जकड़ी माँ को,
आँख खोल सबने देखा।
तनिक विलम्ब भी होता कैसे,
बदल गयी मस्तक रेखा।।

देखा विपदा में माँ को जब,
त्याग समर्पण भाव जगा।
बलिदानी हर पूत धरा का,
आज हमें शूरवीर लगा।।

ललक-ललककर कहे कौन है,
जो पीड़ित माँ को करता।
खैर नहीं उस देश द्रोह की,
युग अब धधक-धधक उठता।।

शान्त हूँ पर

कौन आ मेरी धरा पर,
आज मुझको है मिटाता।
राष्ट्र के मणिमय मुकुट में,
कौन आ निज को बिठाता।
कौन आ बन्धुत्व में,
देकर दरारें चल दिया है।
चिनगियों को फेंक मग में,
आज मुझसे छल किया है।
शान्त हूँ पर सोच लो,
प्रचंड बन सकता हूँ क्षण में।
दुष्टता भू से मिटाने,
काल बन सकता हूँ रण में।

नया इतिहास गढ़ना पड़ेगा

हे मन! यहाँ से कहीं दूर जाओ
यहाँ तेरे हित में नहीं है,
अब तक सुना था कि मानव यहाँ है
मुझे तो कहीं तक भी दिखता नहीं है।

सोचा था कोई मिलेगा कहीं
ढूँढते-ढूँढते साँझ पड़ने लगी है,
पत्तियों के सहारे भी रहना कहाँ
अब डालों से पत्तियाँ भी झड़ने लगी हैं।
बहुत हो चुका अब रहम तो दिखाओ,
हे मन! यहाँ से कहीं दूर जाओ।

जहाँ भी गया मैं ठिकाना रहा ना।
हम साथ तेरे, किसी ने कहा ना।
इस मन ने तब भी न धीरज को खोया
भले दिन में तड़पा न वो रात सोया
अब हित हो या अनहित यहीं पर रहूँगा।
हों दुःख दर्द चाहे जितने मैं सारे सहूँगा,
हे मन! तुम्हें अब नहीं दूर जाना
तुम्हें देख बदलेगा सारा जमाना।
'निशंक' चाहे दुर्मन से लड़ना पड़ेगा।

अविरल ही चाहे जलना पड़ेगा,
पर तुम्हें लक्ष्य की ओर उन्मुक्त होकर
नया एक इतिहास गढ़ना पड़ेगा।
हे मन! तुम्हें अब नहीं दूर जाना
तुम्हें देख बदलेगा सारा जमाना।

राष्ट्र माता

नमन करता तब चरण में,
धन्य होऊँ राष्ट्र माता।
आ गया यदि तब वरण में।

सिन्धु सी गम्भीर माँ तुम,
गगन सी विस्तार वाली।
विश्व की पुंजित धरा में,
कीर्ति-शिखरी हो शिवाली।
एक मोती हार का मैं,
क्यों रहूँ यों ही क्षरण में?
धन्य होऊँ...............।

ध्येय चिन्तन, शुद्ध है तन,
साधना है देन तेरी।
सुमन है चरणों में तेरे,
स्वीकार लो यह भेंट मेरी।
मैं हूँ सुत-अनुचर एक तेरा,
आराधना करता शरण में।
नमन करता तब चरण में।
धन्य होऊँ...............।

सिसक न जाये

मानव तेरी देशभक्ति, कहीं सिसक न जाये।
राष्ट्र का नैतिक बल, कहीं क्षीण न हो पाये।।

जिस माटी में जन्म मिला,
हृष्ट पुष्ट अमृत जीवन।
माता है यह अरे ! हमारी,
किया है जिसने विकसित यौवन।

शक्तियुक्त इस यौवन में, उन्माद कभी न आये।
मानव तेरी देशक्ति कहीं सिसक न जाये।।

जिसका कण-कण बलिदानी,
इतिहास बना सीमा पत्थर।
दूसरों के संताप मिटाके,
नारायण बन जाता है नर।

मातृभक्ति की निष्ठा पर, आँच न आने पाये।
मानव तेरी देशभक्ति, कहीं सिसक न जाये।।

जीवन यों न चला जाए

मन में यही है चिन्ता,
पौरुष व्यर्थ न जाये।
आँधियों में जलता यह,
दीपक बुझने न पाये।

प्रातः प्रभा में, आये न रात,
इसका मुझको रखना धयानं
पूर्ण प्रभा ही दिन बन जाये,
तभी रहेगा मानव मन।

सोया जब निशि पल में,
चिन्ता यही रही है
'सोया तो सब खो:ख'
सबने बात कही है।

दुनिया के सब रेग मिले हैं,
रहे सदा बादल छाये।
कोमल पुष्प न मुरझाये,
जीवन यों न चला जाये।

काँटों में जीते हैं

दु:खी दिलो के हम हार बनते
फूल बनकर हम श्रृंगार करते।
स्वयं स्नेह बनकर हम प्यार भरते,
उपकार बन हम परोपकार करते।

हम जूझने में प्रसन्न रहते,
संघर्ष करना हम ही सिखाते।
पनपे जहाँ दलदल कीचड़ों में,
काँटों में जीना हम ही दिखाते।

सुगन्ध बनकर, हम मन समाते,
चाहे भले हम दु:ख-दर्द पाते।
बैठे नहीं हम आँसू बहाते,
देखा सभी ने हमें गीत गाते।

हम जो खुशी से हो समर्पित,
तो धन्य दु:ख को हम मानते।
कोंपल कली हों या पुष्प विकसित,
गिरना उलझकर हम नहीं जानते।

मैं निशंक बढ़ रहा

मैं निशंक बढ़ रहा।

जाति पाँति को हटा,
भेद-भाव को मिटा,
हृदय-हृदय के तल पहुँच,
विजय के गीत गा रहा,
मैं निशंक ....।

मैं लक्ष्यहीन हूँ नहीं,
पथ कंटकों पर जा रहा,
जो भाग्य से मिला मुझे,
स्वदेश प्रेम पढ़ रहा।
मैं निशंक................।

तूफान गोद में बिठा,
अन्धकार को मिटा,
सब बेड़ियों को तोड़कर,
स्नेह सूत्र जोड़कर,
कंटकों को मैं सहज,
प्रशस्त मार्ग कर रहा।
मैं निशंक..................।

दिशा-दिशा प्रकाश कर
लक्ष्य ओर बढ़ रहा,
आया जो सामने समझ गया,
वह जड़ रहा,
मैं निशंक ....।

प्रेरणा

हिमालय के ये शैल -शिखर
हिम-मंडित उत्तुंग शिखर,
जीवन को उच्च बनाने की,
देते हैं नित्य प्रेरणा सहज।

कल-कल निनाद करती गंगा,
जीवन-संगीत सुनाती है,
ऊँचे नभ से हरि के नख से,
शिव जटाओं पर आती है,
धरती के सुंदर समतल में
गति का संदेश बहाती है।

हिममंडित उच्च शैल-शिखर,
संकल्प-शक्ति का पान किये
मानो अविचल सिद्धान्तों पर,
दृढ़ता का संदेश लिए,
जाने कबसे हैं खड़े हुए,
तापस-सा अद्‌भुत रूप लिए,
गौरी-गुरु के ये शैल शिखर
हिममंडित उत्तुंग शिखर,
जीवन को उच्च बनाने की
देते हैं नित्य प्रेरणा सहज।

जिधर देखो

जिधर देखो दुखी हैं सब, कहीं भी दुख कम नहीं है।
सागर उमड़ रहा है भीतर पर आँखें बाहर नम नहीं है।

इन सभी को देखकर मैं
कुछ अलग जीने लगा हूँ,
जो घट रहा है हर कदम पर
उसी को सीने लगा हूँ।
वक्त के चोटिल यहाँ सब, इसका यहाँ मरहम नहीं है,
जिधर देखो दुखी हैं सब, कहीं भी दुख कम नहीं है।

ढूँढ़ता हूँ जिस तरफ भी,
कौन कहता मैं सुखी हूँ?
टूटते दिल को बचाने
मैं बना अन्तर्मुखी हूँ।
स्वयं जलकर बढ़ रहा हूँ, राह में गम कम नहीं हैं,
जिधर देखो दुखी हैं सब, कहीं भी दुख कम नहीं है।

रोना आया

खुद के इस मुकद्दर पर,
उसको रोना आया था।
तभी तो आँख भर-भर कर
उसने गीत गाया था।

यहाँ कोई नहीं अपना,
नहीं कोई बसेरा है।
जिसे भी आज तक देखा,
लगा कोई न मेरा है।

जिसे वह ढूँढ़ने निकला,
कहीं उसको न पाया था।
तभी तो आँख भर-भरकर,
उसने गीत गाया था।

रहा है पेट खाली ही,
वह दर-दर पानी को भटका।
स्वयं के हाथ ही उसने,
स्वयं की लाश को पटका।

पड़ी इस लाश को फिर भी,
तड़पते उसने पाया था।
तभी तो आँख भर-भर कर,
उसने गीत गाया था।

तेरे लिए मैंने निज को मिटाया

बहुत समझाया तुझे, बहुत समझाया,
पर क्या करूँ, तू समझ न पाया।

मालूम क्यों तुझे,
मैंने किया क्या।
अमृत तुझे दे,
मैंने पिया क्या।
सब कुछ खोकर, मैंने क्या पाया,
बहुत समझाया तुझे, बहुत समझाया।
पर क्या करूँ, तू समझ न पाया।

तेरे लिए मैंने,
निज को मिटाया।
तेरे लिए निज को,
दर्दों मैं पाया।
फिर भी तो मैं, हर क्षण मुस्कराया,
बहुत समझाया तुझे, बहुत समझाया।
पर क्या करूँ, तू समझ न पाया।

उँगली पकड़कर,
चलना सिखाया।
अँधेरे में तुझको,
उजाला दिखाया।
फिर भी तू मुझको, समझ न पाया,
बहुत समझाया तुझे, बहुत समझाया।
पर क्या करूँ, तू समझ न पाया।

सबको बचाकर अकेला जला

बताया तो मैंने बहुत कुछ था तुमको,
जगा हूँ स्वयं मैं, मुझे न जगाना।
फिर भी जलाई है यह लौ हृदय में,
तो तुमको भी है इसका दर्द पाना।

सागर के तल से भी गहरा जहाँ था,
छिपाया था मैंने क्यों तुमने निकाला।
यदि जल उठेगा तो यह राख होगा,
यही सोच मैंने सतत तुमको टाला।

आवाज देकर पुकारा क्यों उसको,
जो गहरा छिपा था मेरा दर्द गाना।
बताया तो मैंने, बहुत कुछ था तुमको,
जगा हूँ स्वयं मैं, मुझे न जगाना।

बताओ क्यों आए थे इस अग्निपथ में,
मैं सबको बचाकर अकेला जला था।
सूना था हर पल वही मार्ग मेरा,
जिस पर मैं केवल अकेला चला था।

विकल इस पथिक को आवाज दी क्यों,
तुम्हें अब तो इस पथ बहुत कष्ट पाना।
बताया तो मैंने बहुत कुछ था तुमको,
जगा हूँ स्वयं मैं, मुझे न जगाना।

तुम्हारे पथ पर

राम! तुम्हारे पथ पर चल कर, हम ऐसा संधान करेंगे,
दानवता की वृत्ति मिटाकर, मानव का सम्मान करेंगे।
शूर्पणखा, मारीच, सुबाहू
खर-दूषण पग-पग ललकारे,
अहिरावण और रावण जैसे
पग-पग पर बैठे हैं सारे।
अमृत देंगे हम जन-जन को, चाहे खुद विषपान करेंगे।
राम! तुम्हारे पथ पर चलकर हम ऐसा संधान करेंगे।
ममता-समता बिलख रही है
सोया पौरुष, पीड़ित नारी,
सहज भाव आहें भरता है
मार्यादा का मर्दन जारी।
अब न कभी हम पल भर को भी, निष्ठा का अपमान सहेंगे।
राम! तुम्हारे पथ पर चलकर हम ऐसा संधान करेंगे।
रक्षक भक्षक बन बैठे जब
नैतिकता का ह्रास हुआ,
मानवता आहें भरती क्यों
अर्पण का उपहास हुआ।
मानवता स्थापित करने, चाहे कितना बलिदान करेंगे।
राम! तुम्हारे पथ पर चलकर हम ऐसा संधान करेंगे।

हम भारतवासी

हम भारतवासी दुनिया को, पावन धाम बनायेंगे,
मन में श्रद्धा और प्रेम का, अद्‌भुत दृश्य दिखायेंगे।

ऊँच-नीच का भेद मिटाकर, दिल में प्यार बसायेंगे,
नफरत का हम तोड़ कुहासा, अमृत रस सरसायेंगे।
हम निराशा दूर भगाकर, फिर विश्वास जगायेंगे,
हम भारतवासी दुनिया को, पावन धाम बनायेंगे,

उलझन में उलझे लोगों को तत्वदीप समझायेंगे,
भटक रहे जो जीवन पथ से उनको राह दिखलायेंगे।
हम खुशियों के दीप जला, जीवन ज्योति जलायेंगे,
हम भारतवासी दुनिया को, पावन धाम बनायेंगे,

सत्य अहिंसा त्याग समर्पण की बगिया महकायेंगे,
जग के सारे कलुष मिटा धरती को स्वर्ग बनायेंगे।
'विश्व बन्धुत्व' का मूल मंत्र, हम दुनिया में सरसायेंगे,
हम भारतवासी दुनिया को, पावन धाम बनायेंगे।

खामोश रहकर

उन्होंने तो मिलकर ही मंजिल ढहाई
हर पत्थर को फिर भी जड़ता रहा मैं,
हर दुख उठाया, हिम्मत न हारी
खामोश रह कर भी लड़ता रहा मैं।

चलता रहा जबकि शालीन होकर
कदम हर कदम पर बड़ा दंश झेला,
उन्होंने किया खूब प्रपंच मिलकर
मेरे साथ हंस-हंस कुटिल खेल खेला।
हर कदम पर उन्होंने तो कांटो को बोया
उन पर ही चलकर बढ़ता रहा मैं,
हर दुख उठाया, हिम्मत न हारी
खामोश रह कर भी लड़ता रहा मैं।

स्वयं कर्म पथ पर, असह्य वेदना में
छिपकर भी रोता सिसकता रहा मैं,
जाना कहाँ था नहीं साथ कोई
स्वयं मार्ग अपना चुनता रहा मैं।
निशंक बन अकेले कंटीली डगर पर
स्वयं के ही मन से झगड़ता रहा मैं,
हर दुख उठाया, हिम्मत न हारी
खामोश रह कर भी लड़ता रहा मैं।

सपने

पूछो जरा इन सपनों से, क्यों चले आते हैं,
कहाँ से ये आते हैं, कहाँ चले जाते हैं।

कभी किसी स्वर्ण महल में
यों ही बिठा जाते हैं,
कभी बेबस बीहड़ों में
कहीं छोड़ आते हैं।
प्यार कभी देते हमें कहर कभी ढाते हैं,
कहाँ से ये आते हैं, कहाँ चले जाते हैं।

कल्पना से परे कभी
राजा भी बनाते हैं,
पल भर में रंक बना
जाने क्यों सताते हैं।
निराशा में धकेल कभी, विजय गीत गाते हैं,
कहाँ से ये आते हैं, कहाँ चले जाते हैं।

बाल कभी युवा सा
वृद्ध भी बनाते हैं,
कभी विरह वेदना के
गीतों को गाते हैं।
कल्पना के लोक में हंसाते ये रुलाते हैं,
कहाँ से ये आते हैं, कहाँ चले जाते हैं।

तुम्हारा नाम होगा

निर्बल है तू सबल बन, निर्बल सदा दबता रहा है।
है प्रकृति का ही नियम, वह अग्नि में तपता रहा है।
सभी ने तो की उपेक्षा,
उपहसित किया पग-पग जिसे।
जलता रहा यों ही तड़पता,
बचाया कब किसने उसे?
और जलने दो उसे, हर व्यक्ति यह कहता रहा है।
निर्बल है तू सबल बन, निर्बल सदा दबता रहा है।
ह्रास सबने ही किया,
वह भूमिका किसकी रही?
हृदय में चुभती रही,
वह शूलिका किसकी रही?
ह्रास की इस शूलिका से, अश्रु बहता ही रहा है।
निर्बल है तू सबल बन, निर्बल सदा दबता रहा है।
ईश ने तो तन दिया,
और हर गुण भी दिया है।
दोष थोपें क्यों किसी पर,
संघर्ष हमने कब किया है?
आज तक रोता रहा, दुखी हूँ कहता रहा है।
निर्बल है तू सबल बन, निर्बल सदा दबता रहा है।
यह सत्य है निर्बल नहीं,

सबल को सब जानते हैं।
शक्ति से परिपूर्ण यौवन,
मित्र या प्रिय मानते हैं।
समय की पहचान भूला, हाथ वह मलता रहा है।
निर्बल है तू सबल बन, निर्बल सदा दबता रहा है।
तोड़ दो सारे ही बन्धन,
मार्ग रोके जो खड़े हैं।
साथ उनको ले चलो,
निर्जीव जो भू पर पड़े हैं।
अब तुम्हारा नाम जग में, हीनता न लेश होगी।
और घृणा यह उपेक्षा, तनिक भी न शेष होगी।

न बैठ निराश

बैठ निराश न तू जग हारा
दुनिया में बहुत कुछ प्यारा।

मनरूपी दर्पण जो काला
उसने सब दोषों को पाला,
नैसर्गिक सुन्दरता खोयी
कुत्सितता की झोली ढोयी,
मैल मिटा इस दर्पण से तू
देख दिखेगा सब उजियारा
बैठ निराश न तू जग हारा।

धूल जमी हो जिस दर्पण पर
कलह मची हो जिस-जिस भी घर
जिसने अन्तस्थल न संजोया
सुन्दरता का बीज न बोया।
जगने पर भी रहा जो सोया
उसने सारा ही जग खोया
तोड़ सको तोड़ लो कारा
बदलेगी तब जीवन धारा,
तू फूल खिला जा जग में न्यारा
बैठ निराश न तू जग हारा।।

बाधाओं ने हटना है

राह कंटीली जीवन की पर
बाधाओं ने हटना है,
भूखे-प्यासे चलते-फिरते
इस सफर ने कटना है।

खिलखिलाती किसी दुपहरी को
किसी शाम को ढलना है,
पर शाम ढलने से पहले
घोर कुहासा हटना है।

गरज गये वे बादल जिनको,
गरज-गरज कर छंटना है,
भूखे-प्यासे चलते-फिरते,
इस सफर ने कटना है।

जीवन-मरण परवाह न किये
मेरे दुख को बँटना है,
अन्दर-अन्दर सुलग रहा जो
उससे राख को छटना है।

अपने ही पुरूषार्थ से ही,
यह घोर कुहासा हटना है,
भूखे-प्यासे चलते-फिरते,
इस सफर ने कटना है।

दुर्भाग्य मिटाना है

जलायें स्वयं हम, दुर्भाग्य का तम
किसी के न घर पर, कहीं भी रहे न।
स्वयं नींव बनकर, बनायें वो मंजिल
जो तूफान आने पर भी ढहे न।।

घुटते-भटकते, अँधेरे में हैं जो,
पहल जो करें, नव किरण भी मिलेगा।
मुस्कान ओठों पर सदियों से उलझी,
चेहरे पे उनके हंसी भी खिलेगी।।
मिटा दो सभी जन, कलुषता धरा से
ये दूषित हवा अब कहीं भी बहे न।
जलायें स्वयं हम दुर्भाग्य का तम
किसी के न घर पर, कहीं भी रहे न।।

निश्चित समझ लें, सुबह देहरी पर
आकर तुम्हारा ही स्वागत करेगी।
वन्दन तुम्हारा कदम हर कदम पर
खुशियों से झोली तुम्हारी भरेगी।।
पुरूषार्थ जागे जगायें सभी का
अन्याय कोई कभी भी सहे न।
जलायें स्वयं हम, दुर्भाग्य का तम
किसी के न घर पर, कहीं भी रहे न।।

लौ जलाई है

हरने तम की छाया को, मैंने लौ जलाई है,
तिल-तिल जलते रहने में न जाने कौन भलाई है।

हृदय का अँधियारा जग में
मन के मैले को धोये,
कितने दिन कितने क्षण तेरे
नाहक फिर तू क्यों रोये।
हर क्षण जिन्दा रह जीने की, अमृत घूँट पिलाई है,
हरने तम की छाया को मैंने लौ जलाई है।
कलुष धरा से जड़मूल मिटाने
का ही अपना सपना है,
राग-द्वेष मिट जाये फिर तो
सारा ही जग अपना है।
जिस अनन्त का नहीं छोर हो, ऐसी प्रीति लगाई है,
हरने तम की छाया को मैंने लौ जलाई है।

जग में हताशा है

पुरूषार्थ नहीं जिनके मानस में
संकल्पशीलता का नाम नहीं,
बात आसमाँ की क्या करते
धरती पर कोई काम नहीं।
आज पुनः निज श्रम निष्ठा से, संजोना हिन्दुस्तान है,
अपनी धरती अपना अम्बर अपना देश महान है।

संकल्पहीनता के कारण ही
जग में घोर हताशा है
मुरझाया चेहरा सर नीचा
छाया घोर कुहासा है।
आज मिटाने घोर कुहासा, जागा हिन्दुस्तान है,
अपनी धरती अपना अम्बर अपना देश महान है।

मधुर सुर संगीत कहाँ है
क्यों शब्दों में जहर घुला,
मन मन्दिर के कपाट बन्द क्यों
मधुशाला का द्वार खुला।
आज पुनः पावन, रंगों से रचना हिन्दुस्तान है,
अपनी धरती अपना अम्बर अपना देश महान है।

एक है बगिया

एक है बगिया, पुष्प हैं सारे,
रंग-बिरंगे, प्यारे-प्यारे।

खुशबू के देखो निर्झर हैं,
गुंजन करते विश्व भ्रमर हैं,
रूप अनूठा, दृग मन हारे,
एक है बगिया, पुष्प हैं सारे।

जहाँ सजायें सज जाते हैं,
रचना नूतन रच आते हैं।
बढ़ते जो कांटों के सहारे,
एक है बगिया, पुष्प हैं सारे।

यह है भारत बगिया न्यारी,
दिखती जिसमें दुनिया सारी।
न्यौछावर जीवन हैं प्यारे,
एक है बगिया, पुष्प हैं सारे।

देवोपम फूलों की घाटी,
हिमगिरि की पावन है थाती।
और पथिक भी न्यारे-न्यारे,
एक है बगिया, पुष्प हैं सारे।

आदमी

भगवान का अद्‌भुत निर्माण है ये आदमी।
आनंद और अवसाद का, पुंज है ये आदमी।

इसके लघु ललाट में, पूर्ण ब्रह्मांड समाया है।
षोडश कलाएँ लिए हुए, ये धरती पर आया है।
सच मानों ईश्वर का, दुसरा रूप है आदमी।
आनंद और अवसाद का, पुंज है ये आदमी।

देखता है भोगता, सिमटता बिखेरता।
घिर रहा स्वयं किंतु, दुनिया को भी घेरता।
पाप हैं पर पुण्य का, कुंज भी है आदमी।
आनंद और अवसाद का, पुंज है ये आदमी।

मैं अकेला ही सही

वह अकथ कथा
जो छटपटा रही कहने को,
मन के अन्दर का लावा
जो फूट रहा है बहने को।

और विवशता भँवर फँसी
पकड़ उसे अब लेना है,
युद्धरत मन को अब
सुखद प्रभाती देना है।

इस हित चाहे स्वयं अकेले
अथाह यातनाएँ ढोनी हों,
और जवानी इस हित चाहे
युगों-युगों तक खोनी हों।

लक्ष्य यही है, मिटाकर अँधेरा
पग-पग आत्मदीप जलाना है,
चक्रव्यूह में घिरा अभिमन्यु-सा
तोड़ूँगा हर व्यूह, यह ठाना है।

नये क्षितिज

अनन्त आकाश में
उड़ान भरते-भरते
वे कहाँ खो गये,
धरती और आकाश के मध्य
कहीं सो गये।

ये पंख एकाएक
उड़ते-उड़ते
कहीं रुक से गये हैं,
ऐसा लगता है
जैसे आसमान की ऊँचाइयों में
कहीं झुक से गये हैं।

यहाँ तो गगन धवल है
दृश्य अदृश्य विमल है।
जहाँ घनघोर अँधेरा
अस्तित्व मिटाने आता है।
वहीं मेरा संसार
नये क्षितिज पाता है।

अन्तर्मन कहता है
हर क्षण यहाँ नया है,
यह तो अजर-अमर है
इसमें न मरने का भय है,
उदय और अस्त तो
जीवन का क्रम है।
जीना और मरना तो
महज एक भ्रम है।

विभुमय भारत

है विभु का यह निर्माण नवल,
ले समरसता का भाव सबल।
जीवन-सरिता बहती अविरल,
भारत-भू का विस्तार विमल।
निज जन्मभूमि में मन मेरा
हर्षित होकर विचरण करता,
सबके उर-मन्दिर के अन्दर
डाले मेरा यौवन डेरा।
यह भावबिन्दु प्रेरित करता
मुझमें प्रातः सिहरन भरता,
यह विश्व-सुमन चिर सुंदरतम
सौरभ बरसाकर मन हरता।
यह प्राणतत्व है संप्रभु का
जिसमें पुरूषार्थ चतुष्ट्य है,
देता सबको नवजीवन यह,
जग में इसकी ही जय-जय है।
मैं स्वप्न पालता हूँ भास्वर
अखिल सृष्टि के हे गुरुवर!
आसेतु हिमालय तक फैले,
पावन वेद-ऋचा के स्वर।

पता नहीं क्यों

पता नहीं कुछ लिखने को, क्यों आतुर मन होता है,
दिन भर जाने कितने यादों को मेरा मन ढोता है।

याद तुम्हारे मूक कथ की
मन से क्षणिक न हटती है,
लाख मिटाना चाहा लेकिन
फिर भी तनिक न मिटती है।
मन समुद्र की गहराई में, चक्रवा-सा उठता है,
दिन-भर जाने कितनी यादों को मेरा मन ढोता है।

जीवन की इच्छाएँ अनंत
आशाओं की बड़ी लड़ी,
लक्ष्यशिखर के सम्मुख देखो
बाधाएँ हैं बहुत खड़ी।
किंतु साहसी पुरुष कहाँ, रुक पौरूष अपना खोता है,
दिन-भर जाने कितनी यादों को मेरा मन ढोता है।

दुख-अभाव तो सीधी बातें
इनका कोई पार नहीं,
दृढ़ पथ पर चलने वालों पर
संशय की कोई मार नहीं।
कर्मवीर ही इस धरती पर, बीज विजय के बोता है,
दिन-भर जाने कितनी यादों को मेरा मन ढोता है।

राजनीति का चक्रव्यूह

कुटिल प्रहारों से घायल पीड़ाओं से भरा हुआ हूँ,
राजनीति के चक्रव्यूह में अभिमन्यु-सा घिरा हुआ हूँ।

भव्य भावना-पुंज लिए,
इस पथ पर चलने आया था,
मन की निर्मल पीड़ाओं ने
परहित को ही उकसाया था।
सरल भावना से भावित, उद्‌गारों से भरा हुआ हूँ।
राजनीति के चक्रव्यूह में, अभिमन्यु-सा घिरा हुआ हूँ।

कब सुबह हुई, कब साँझ ढली?
कब दिन गुजरा, कुछ याद नहीं?
पर पीड़ा में ऐसा उलझा,
अपने गम की ही थाह नहीं।
प्रतिक्षण मैं संघर्षों की, मालाओं से पिरा हुआ हूँ।
राजनीति के चक्रव्यूह में, अभिमन्यु-सा घिरा हुआ हूँ।

पूर्वाग्रही जन तय करते हैं,
कौन गलत है, कौन सही?
झूठे को भी सच करने को
उलटी कुटिल बयार बही।
दुष्प्रचार की आँधी में भी, निशंक अकेला खड़ा हुआ हूँ।
राजनीति के चक्रव्यूह में, अभिमन्यु-सा घिरा हुआ हूँ।

बाधा को तोड़े बढ़ा जा रहा हूँ

ठोकर मैं दर-दर की खा रहा हूँ,
पर बाधा को तोड़े बढ़े जा रहा हूँ।
जो इंसान सोया,
सुध-बुध को खोया।
बहुत था वो प्यारा,
पर बेहोश हारा।
उठा हूँ, जगाने उसे जा रहा हूँ,
ठोकर मैं दर-दर की खा रहा हूँ,
पर बाधा को तोड़े बढ़े जा रहा हूँ।
काला गगन था,
पर निर्भय वो मन था।
घिरा है अँधेरे,
अपने ही डेरे।
अब दीप आँधी लिए जा रहा हूँ,
ठोकर मैं दर-दर की खा रहा हूँ,
पर बाधा को तोड़े बढ़े जा रहा हूँ।
चिंता न छोड़ा,
पीड़ा ने जोड़ा।
सवेरा जहाँ सर्द,
बिखरा वहीं दर्द।
बिखरा जो समेटने उसे जा रहा हूँ,
ठोकर मैं दर-दर की खा रहा हूँ,
पर बाधा को तोड़े बढ़े जा रहा हूँ।

जिन्दगी मौत से लड़ता रहा

जिन्दगी मौत से रोज लड़ता रहा,
घिर अन्याय से नित झगड़ता रहा।

सब विरोधों से संघर्ष करता रहा,
जख्मों को निज के मैं भरता रहा।
गिरते स्वयं को पकड़ता रहा,
जिन्दगी मौत से रोज लड़ता रहा।

जो दरारें पड़ी उनको सीता रहा,
कटु घूँट पीकर भी जीता रहा।
हर कदम दर्द सहकर भी बढ़ता रहा,
जिन्दगी मौत से रोज लड़ता रहा।

सिसकती साँसों को धैर्य देता रहा,
छलकते हुए अश्रु पीता रहा।
कंटकाकीर्ण राहों में बढ़ता रहा,
जिन्दगी मौत से रोज लड़ता रहा।

भूखा नहीं था

नंगा नहीं था गरीबी को ओढ़ा,
दर्द खाया था मैंने, भूखा नहीं था।
बैठा कहाँ था, भटकता रहा मैं,
बदन गीला ता मेरा, सूखा नहीं था।
तुम मुझे भूखा न कहना, समझना न नंगा,
जाड़ा है भरपेट, गरीबी को पहना।
जिन्दगी का ये मेला, शुरू अब हुआ है,
जिसमें अभी तो, बहुत कुछ है सहना।

□□